中山出版
ZHONGSHAN PUBLISHING
香山承文脉 好书读百年

Hello，南头

朱土福　文　何有添　绘

SPM
南方出版传媒
广东人民出版社
·广州·

图书在版编目（CIP）数据

Hello，南头 / 朱土福文；何有添绘. —广州：广东人民出版社，2018.5
（“Hello，中山”手绘漫画系列）
ISBN 978-7-218-12451-3

Ⅰ. ①H… Ⅱ. ①朱… ②何… Ⅲ. ①乡镇—概况—中山—图集 Ⅳ. ①K926.55-64

中国版本图书馆CIP数据核字(2017)第324812号

HELLO,NAN TOU
Hello，南头 朱土福 文 何有添 绘

出 版 人：肖风华

责任编辑：李锐锋
特邀编辑：刘 颖
装帧设计：蓝美华
封面设计：陈宝玉

统 筹：广东人民出版社中山出版有限公司
执 行：何腾江 吕斯敏
地 址：中山市中山五路1号中山日报社8楼（邮编：528403）
电 话：（0760）89882926 （0760）89882925

出版发行：广东人民出版社
地 址：广州市大沙头四马路10号（邮编：510102）
电 话：（020）83798714（总编室）
传 真：（020）83780199
网 址：http://www.gdpph.com
印 刷：广州市岭美彩印有限公司
开 本：787mm × 1092mm 1/32
印 张：4.625 字 数：68千
版 次：2018年5月第1版 2018年5月第1次印刷
定 价：25.00元

如发现印装质量问题影响阅读，请与出版社（0760-89882925）联系调换。
售书热线：（0760）88367862 邮购：（0760）89882925

总　序 | 写画心中的城

都说现在是一个“看脸”的时代，手绘漫画图书的热销，就是标志之一。“轻阅读”的流行，正是时代发展的产物。顺势而为，我们打造了这套“Hello，中山”手绘漫画系列，一是让年轻人利用自己的地缘优势讲好“中山故事”，传播家乡传统文化；二是给年轻人机会出版作品，毕竟出书是一件严肃又庄重的事情，也是值得一辈子自豪的事情。

“Hello，中山”手绘漫画系列是一套开放式的选题，计划以每年出版一二十种新书的规模，以陆续出版、不断充实、不断丰富的方式，用若干年的时间，打造一套有规模、有品位、有传承力、有影响力的具有中山特色的原创手绘漫画书系。

作为“Hello，中山”手绘漫画系列的策划人，我期待中的这套书不止是巡礼式地给中山 24 个镇区各出一册，而是 N 册，同时扩充至其他领域，比如老字号、非物质文化遗产等，形成一套三五十册的较大规模，可较长时间立于中山人书架上的系列图书。所以，做好这一套图书，我们将坚持以下几点——

一是充分调动年轻人的积极性，邀请能写能画且熟悉中山的土著的非土著的年轻人加盟。2015 年 7 月出版的《Hello，石岐》作为“Hello，中山”手绘漫画系列的第一本，其作者是当地一所大学的应届毕业生，书稿其实就是两个年轻女孩子的毕业创作作品。在一次展览上，我们看中了书稿，于是拿过来出版。结果出版后，反响很好，于是我们又广罗人才，邀请了更多年轻人参照《Hello，石岐》的模式，给其他镇区画、写，慢慢积累，就有了 2016 年 8 月重磅推出的《Hello，石岐Ⅱ》《Hello，沙溪》《Hello，南朗》《Hello，神湾》等。我们的出发点很明确，就是让中山的年轻人用自己的视角和喜爱的方式来讲述中山的故事，这是一个全新看中山的角度，让他们不囿于传统的模式去审视自己熟悉的地方。年轻人也可以借用这种新的形式来发挥自己的才能。它不仅让中山人认识中山，还让中山人重新探索和思考中山，同时去发现一个不一样的中山。

二是强调了书稿的本土性和原创性。越是民族的，越是世界的。中山是伟人故里，具有800多年的历史，人文丰盈、历史深厚、自然优美，可写可画的东西很多。有一句话说，世界不是缺少美，而是缺少发现美的眼睛。“Hello，中山”手绘漫画系列鼓励年轻的画家、作家去发现中山人都未必知道的中山，这激发了年轻人的热情。许多作者反馈回来的信息是，如果不是绘、写自己的家乡，还真不知道自己的家乡有这么美。

三是坚持内容为王。按照目前的出版方向，一是以行政区域为主题，二是选择可入画的中山题材。就拿行政区域这一主题来说，在执行的过程中，很容易做成官方宣传资料，这明显偏离了我们的初衷。凡是将官方资料堆积在书稿里，我们一律要求作者重新写。要用自己的语言来写自己可亲可爱的家乡。读者之所以喜爱这套图书，主要原因不仅是形式上活泼，还有就是内容上新颖。可读性成为重中之重。

四是安排了得力编辑专心打造。“Hello，中山”手绘漫画系列的前期指导作者的工作量超乎想象，原因无外乎：作者都是没有写书、编书、出书的经验，这样的问题那样的问题，时不时要编辑回答；对家乡的重点历史人文、传统文化等拿捏不准。我们专门安排了两位责任编辑来负责，随时随地指导好这一批年轻作者，以期共同做好这一套书。

同时，在排版设计上，紧紧跟随当下畅销书的风向标，大胆启用大腰封，力求与传统的装帧方式有所区别，以更贴近年轻人的心理要求。

五是着重打造品牌效应。一种品牌就是一种无形资产，我们立足中山将近 6 年时间了，一直强调品牌的影响力，也打造了一批诸如“中山客”“廉洁中山”“故事中山”等品牌图书，得到了读者的普遍认可。我想，品牌代表的是一种不可多得的美誉度、可信度，而这些才是真正的无价之宝。“Hello，中山”手绘漫画系列从一开始的策划就立足于品牌效应了，为此我们专门设计了这套书的 Logo、函套，还有手提袋，甚至还有它们的衍生产品——明信片、T 恤、茶杯等。目前，这套书的品牌效应慢慢凸显出来了，难能可贵。

出版是个小行业，而且我们是在中山这样的小地方做出版，难度可想而知。但是，文化是个大产业，前景一片光明。我们将按照广东人民出版社中山出版有限公司的出版宗旨——“香山承文脉，好书读百年”，全力把“Hello，中山”手绘漫画系列打造成品牌图书。

广东人民出版社中山出版有限公司总经理 | 何腾江

目 录
CONTENTS

『横竖五公里』

南头是我来到中山的第一个地方，我在这个“横竖五公里”的小镇上生活工作近四年。如今回头细看在南头的四年，我多了一份乡愁。

我怀念那些提着摄像机、摄影机奔走于村巷之间的日子，想念那些真诚的同事、热情的朋友、淳朴的村民。

扛着摄像机奔走于村巷之间的日子
是我宝贵的财富

围海造田、繁衍生息

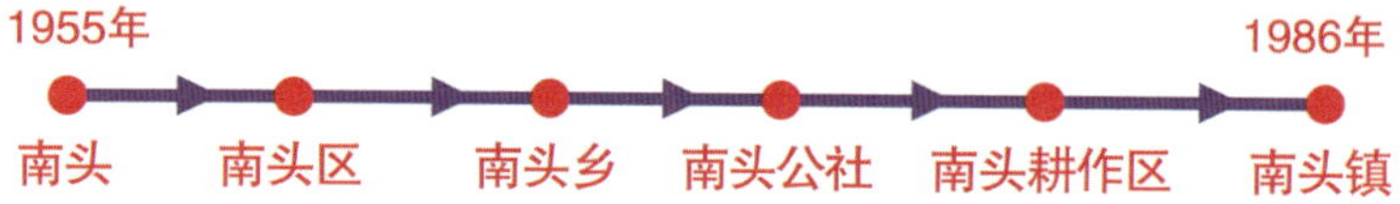

南头镇镇名的发展变迁

南头镇位于中山市北部，东至东南与黄圃镇接壤，西至西南与东凤镇、阜沙镇隔江相望，北与佛山市顺德区容桂相邻。

明代，香山（今中山市）东北部海面淤积加速，沙洲不断增加，形成“东海十六沙”，其中的坡头沙就是现在的南头镇镇区。明代末期开始，顺德、番禺等地的人迁至此地，围海造田，繁衍生息，逐渐形成村落。民国时期，这片区域先属第九区东海区，后属文明乡。1955 年以“南头”为名，先后历经了“南头区”“南头乡”“南头公社”“南头耕作区”等名称的变更，1986 年 12 月正式更名为“南头镇”。

南头镇的总面积仅 28 平方公里，是中山市面积最小的一个镇，被人们戏称为“横竖五公里”。现辖南城、北帝、穗西、民安、将军、滘心 6 个社区，总人口约 12 万人，其中户籍人口 4 万多人，而流动人口有近 8 万人。南头的工厂蓬勃发展，五湖四海的人前来务工。无论听不听得懂、会不会说广东话，走进市场，猪肉摊的阿姨都会用广东话跟你打招呼：“靓仔，吃滴咩啊？”

“靓仔，吃滴咩啊？”

南头越来越现代化

在 20 世纪 90 年代以前，南头还是个农业小镇，以甘蔗种植、塘鱼养殖为主，所产的甘蔗为中山的糖厂提供制糖原料。落户南头的罐头厂和食品厂生产的“飞越牌”豆豉鲮鱼罐头和“健乐牌”乳酸饮料闻名遐迩。顺德是家电产业集中地，美的、格兰仕、科龙、容声等品牌的家电都集中于此。南头与顺德容桂仅一河之隔，受其影响，南头通过招商引资，先后引进长虹、TCL、奥马、荣事达、樱雪等知名品牌。到目前为止，南头全镇共有一千多家家电制造企业，从一个农业小镇蜕变为以家电产业为特色的新型工业强镇。

产业发展给南头人带来新的致富机会，部分不愿脱离土地的农民，则尝试到南头郊外大规模租地耕种、养殖，成为南头的“外延农业”，也同样致富，因而得名“外耕农”。至今南头的外耕农有 320 多户，外耕种养面积达 6 万多亩，是南头原有耕地面积的 3 倍，范围涉及省内外 11 个市县、21 个镇区。

“外耕农”是南头的一大特色

2004年，中国轻工业协会和中国家电协会授予南头镇“中国家电产业基地”称号，南头镇成为国内家电行业的第一个产业基地。中国质量认证中心华南实验室（CQC）、中山市家电创新中心、中山市家电协会先后进驻，让南头的家电产业充满更多的发展可能性。

南头拥有广珠城轨、广珠西线、广中江高速经过的优越的交通条件，发展后劲充足。南头城轨站旁的在建工地，是南头正在建设的“华南家电城”综合商贸体。它将平衡南头的产业结构，带来更大的经济发展。

南头镇南中酒店

南头也许缺少些繁华与喧嚣，但漫步在洁净的街道上，能感觉到小镇特有的恬静，小镇处处透着沉着不张扬的气质。每年的慈善花灯酒会、五人飞艇赛、中秋花灯展、重阳敬老等民俗活动和此起彼伏的软软乡音，透出浓浓的淳朴乡情。

街头巷尾的恬静、和乐，让人沉浸其中

从紫荆烂漫的南头大道开始

紫荆烂漫的南头大道

南头的地形像一颗侧卧的心脏，南头大道贯穿东西，是南头的大动脉和生命线。无论从哪里来到哪里去，这都是必经之路。

审图号：粤S（2016）12-001号

● 南头大道

南头大道，即南三公路南头段，全长 5.2 公里，东西走向。西至顺德容桂，可经细窖跨过鸡鸦水道、沿 105 国道途经东凤、小榄、东升直至中山市区。往东途经黄圃、民众、三角，同样可达市区。南头大道 1994 年 2 月建成通车，双向 10 车道，马路两侧设人行道，左中右架设三行路灯。

数年前南头大道改造后，在大道两旁种上了紫荆树。每年二三月，春雨过后，路旁开满灿烂的紫荆花，层层叠叠，点缀着笔直宽敞的南头大道。一夜春风，落英缤纷。

春天时，南头大道上落英缤纷

80 路、210 路公共汽车经停南头大道。在那段囊中羞涩的打拼岁月，这些准时出现的绿色、蓝白色的“大部头”，基本能满足我所有的出行需求。80 路公共汽车从黄圃格兰仕开出，沿南头大道，开往容桂客运站和天佑城。南头至今缺少一个大型商圈，年轻人娱乐只能去小榄大信或者容桂天佑城。从南头往天佑城更便捷些，搭乘 80 路公交车，十多分钟即可到达天佑城。天佑城的大地影院见证了我的恋爱时光，至今我的大地影院会员账户里还有数十元余额，犹如青春的余额，暂且存着，留些念想。210 路公交车也从黄圃来，经南头大道西行至细窖，沿 105 国道途经东凤、小榄、东升、西区，最后到达中山汽车总站。210 路公交车的运营时间直到晚上十点，是唯一一路城区开往南头的夜车。几年前，我在学校博客上看到一则中山南头的招聘信息并投了简历，次日接到面试邀约的电话。光哥带我参观部门的环境，与理想状态还有距离，但总算有个开始，我相信只要努力，总会达成所愿。面试后，光哥亲自送我到车站，心怀感动之余，对这个地方平添许多好感。几日后，被告知录用，我提着简单的行李，从广州芳村到容桂客运站，走下 80 路公共汽车，以南头大道为起点，自此与这个小镇结缘。

广珠城轨南头站横跨南头大道。从南头大道往东行，远远便看到马路上“南头站”三个红字立于站台上空。南头站是广珠城轨自广州南开往珠海北方向，进入中山境内的第一站，被称为中山的“门户站台”。从这里出发，半小时可到达广州南站，半小时到达珠海北站。

南头的公交车见证了我的青葱岁月

横跨南头大道的城轨南头站

自南头站开始建设，南头百姓就翘首以盼。2012 年 9 月 19 日上午 8:55，广珠城轨 D7609 次列车缓缓驶入并停靠在南头站台，南头从此进入“轨道时代”。首批在南头站登上城轨列车的 45 名乘客，见证了一个神圣的历史时刻。呼啸而来的轨道列车，悄然带来“一小时生活圈”的利好和变化，让这个小镇从此告别“洼地”经济。

在城轨南头站的两旁，分别是广珠西线南头收费站和南头客运站，以及围蔽起来、酝酿已久的华南家电城。我们期待着这座冠以“华南”二字的家电硅谷，给这个小镇带来又一轮的腾飞。

南头公园凤凰鸣

南头公园于 2001 年建成使用，位于南头大道中的一侧，面积 3.8 万多平方米，四面开放，从东南西北进入园内皆不受限。

南头公园是我每天上下班必经之地，我居住的地方，离公园不到一百米，从六楼的宿舍窗户可览公园全景。我的四季都与这里的一草一木息息相关。

过去的南头公园

现在的南头公园

偶尔躺在厚厚的草坪上，仰视广阔的天空，只见纯净的蓝一望无际，白云仿佛触手可及，轻柔的风让时光变得很淡、很轻、很慢。歌手许巍说过，每一次难过的时候，总独自看一看大海。而我的难过和喜乐，都被白色云朵一一带走。

公园外的东南角有三个篮球场，公园内除了大部分的绿草树木，活动设施不算多，一道弯弯曲曲的小路和一个圆形的舞池连着一个长方形的舞台。不分寒暑，每个晨昏，都有人在公园的小路上散步、慢跑，用汗水和呼吸演绎着这片绿草地上的生机勃勃。

舞台后侧是一块正方形的屏幕，也许是失修多时，不复使用，屏幕始终被一扇折叠门关得严实。在舞台的后面有一个小小的房间，里面是一间简单的播控室。每天晚饭过后，看守播控室的大叔便开始播放音乐，我在六楼听得尤其清楚。有中国人的地方就有广场舞，男女老少纷纷开跳，不进入舞池的，就在旁边围观。

这里偶尔还会举办文艺晚会、曲艺表演等。这里曾放映露天电影，就像小时候在学校看的那样，一块大大的幕布，一台投影机，电影胶片缓缓转动，滋滋作响。电影散场，观众离席，剩下空空的舞池，凌乱的凳子被淡淡灯光映照出细长的倒影。这个小小的公园，丰富了许多异乡人的闲暇生活。

常到南头公园的人，基本都认识林老师和华姐。林老师是南头公园常驻的领舞者，个子高大，年过花甲依然阳光开朗。华姐堪称是南头广场舞辉煌史的缔造者，近几年，将广场舞从南头公园推广到各社区，将南头的广场舞舞蹈队从南头公园带向全市、全省的舞台。至今华姐依然孜孜不倦的在为南头舞蹈队而奔走，朋友圈的动态显示她忙碌得不亦乐乎。

充满活力的南头广场舞舞蹈队

从 2016 年开始，南头公园被重新修整。北面一个大舞台连着一个大广场，活动的空间更加宽敞了。南面堆起小坡，中间在草地四周新种上了凤凰树，弯弯曲曲的小道、粗壮的榕树和木棉树被保留了下来。

凤凰树取名源于“叶如飞凰之羽，花若丹凤之冠”，花语为：离别、思念。待到红花绽放，我会想起：凤凰鸣矣，于彼高岗。

整修过的南头公园焕然一新，行走其间，更觉舒适

金湾广场的日和夜

关于“广场”一词，诗人杨克在其名作《天河城广场》中写道：

这个曾经貌似庄严的词
所命名的只不过是一间挺大的商厦
多层建筑　九点六万平米
二十世纪末，蛰动萌发
事物的本质在急剧变化
进入广场的都是些情散平和的人
没大出息的人，像我一样
生活惬意或者囊中羞涩
……

然而，在中山南头，这个曾经貌似庄严的词被用来命名一个楼盘：金湾广场。

金湾广场在南头公园的隔壁，楼盘不大，楼层不高，却逐渐形成南头不可多得的商业圈子。一条近两百米的商业街，汇聚了中国银行、建设银行、农业银行、物流、汽车保养、五金商铺、李宁、安踏、宝元、金莱克、家电专卖店、手机专卖店、湘菜馆、川菜馆、粤菜馆、茶馆、沙县小吃、麦当劳、皮肤保养、健身室、书画培训和舞蹈培训等衣食住行各个方面。

在中国银行营业厅后面，有一家名为“心心靓汤”的粤菜饭馆，以炖汤和家常菜出名，姐妹一家经营这家餐馆。后厨和气开朗，前来吃饭的大多为熟客，店主快人快语，偶尔和熟客调侃或互怼一两句，随后一笑了之。

偶尔加班至晚上，饭点已过，下楼走过马路，粤湘川菜系的饭馆早早打烊，一碗 3.5 元的沙县小吃青菜河粉足以填饱肚子。店主一家五口，一对年迈的夫妇，一对三十来岁的夫妻，还有一个嗷嗷待哺的孩子。店铺的里间为休息室，外间一半是操作区，另一半摆着四五张桌子。除了点菜的例行对话，便没有更多的交谈，至今也不知道这一家子是否来自沙县。当我成为了常客，每次来沙县小吃店或者经过店门口，年轻的店主都会朝我点点头，露出憨厚的微笑。某一天再次经

名为“广场”，实际上却是小区，最后发展成为完善的商业圈——金湾业广场

过，小店已被围蔽装修，再过多一段日子，小店重新开张，却已易主。生活中总会与一些人萍水相逢，与一些人擦肩而过。

金湾广场商业街二楼有一家大超市，名为“时尚京都”。超市门口常有个小摊，专卖糖炒栗子。每次路过，我都禁不住栗子香味的诱惑，掏出十元换取十两，用纸袋装着。每颗栗子都裂开一道小口，入味，易剥。边走边吃，回到宿舍楼下，纸袋里剩下的差不多都是壳了。

金湾广场的烧烤摊，夜晚和烧烤更配

时尚京都前的小广场，白天停放车辆或者举办些商品促销活动，到了晚上，三五个年轻的小伙子在这里摆开长条桌子，燃起烤炉，用啤酒烤鱼慰藉着刚从流水线上下来的工人。

那年到厦门毕业旅游，晚上和同学从热闹的中山街回来，梳洗完毕，大约 9 点外出吃宵夜，发现街头已冷冷清清。只有不远的十字街口处，一位中年的妇女拨弄着烤炉，从附近尚未关门休息的居民家里借来一张小桌子，招呼我们五个人坐下，开始麻利地按菜单逐样地烤。

南头的夜晚，也几乎同样的宁静。路边只有路灯，汽车偶尔开过，可以清晰的听着远去的车声。

繁华有繁华的理由，宁静也有宁静的境界。日出而作，日落而息，安静下来，才能真正感受一个地方的深邃底蕴。

环镇绿道日色慢

南头的环镇绿道沿鸡鸦水道边的河堤而建，东西走向，有六七公里。晴朗的春夏傍晚，我早早吃过晚饭，骑上自行车从南头大道出发，沿着建设路，穿过南桂园，直上围堤。往左是穗西社区，骑车爬上一个小小的陡坡，绿道上，骑车的、散步的、慢跑的，人来人往。

从江面吹来柔柔的晚风，慢悠悠地的骑着自行车，绿道上铺满金黄色的霞光，把影子拉得长长的，夹道两旁的绿化修剪得整整齐齐，甚是好看。

在穗西水闸的榕树下，几个中年男子在垂钓。在老人活动中心的门前，一位老人坐在门口，悠然地摇着大葵扇。篮球场上的青年挥汗如雨地比拼。边上的康体设施，几个小孩快乐地嬉戏。

南头环镇绿道上人来人往

穗西小村的大榕树

再往前，两座高架桥横跨绿道，直通对岸，那是并排而行的广珠城轨和广珠西线。穿过两座高架桥，绿道的尽头是一个小小的村落，仍属穗西社区，这是穗西社区的“十九队”。这大概是历史所留下来的名字，社会主义农业经济下，将村民分配组成多个生产队，按序排列，一个生产队就是一个整体，所有物资属于集体。后来随着“分田到户”的家庭联产承包制实施后，生产队随之取消。但至今南头各村、社区许多活动，仍按照从前的生产队为单位来组织。我给它起了名字，叫穗西小村，与穗西大村隔着一片耕地。沿着围堤过来，路两旁的葵扇树夹道摇曳，恍如世外桃源。村口立着一个牌坊，上面刻着四个金色大字“九顷大道”。旁边是一个小广场和一棵大榕树，听村里的老人说，这棵大榕树至今已有 120 多年。榕树树根蔓延，在地面爬开了数米远。

从穗西小村出来，迎着夕阳往回走，灌满水的耕田波光粼粼，映着漫天橙红色的晚霞，背光的农作物一片黑影，极像一幅刚着色一半的画卷。刚刚驶出南头站的“和谐号”列车在轨道上缓缓前行，承载着相聚的期盼、别离的忧伤和奔向远方的匆忙。远处，江面上一艘大货轮，翘着尖尖的船头，“哒哒”的汽笛声从船尾巴处落到柔软的江面上跳动。

每次骑着自行车在绿道上慢骑，总觉得时光变得很慢。在岁月的缝隙中，一张张过往的画面，最后变成丝丝缕缕的记忆，在光影重叠的夜幕中，化作蓝紫的流光萦绕，而后飘散。这让我想起木心先生的诗：

从前的日色变得慢
车，马，邮件都慢
一生只够爱一个人

鸡鸦江边诗篇少

元宵过后，来了一股冷空气，持续了好几天，冷冷的空气还夹带着薄薄的春雨，要不是必须得去上班，我情愿宅在宿舍。冷空气过后，天空逐渐放晴，这天一大早竟有暖暖的太阳。

骑着车，从建设路转到南和中路。南和中路旁，有一间“刘德华理发屋”，屋檐下的牌子经过日晒雨淋已是褪色不少，但牌子挺大，字也大，让人看了不禁一笑。这条路直通海傍路，是南头的老街。南头镇政府旧址就在此地，南头颇负盛名的金盛隆超市在这起家，从一间小卖部发展成为如今十多间大型综合连锁超市。从南和中路转过富南路，路边的水泥铺、农药铺和杂货铺的门牌还是木板，上面写着毛笔字，字迹依稀可见。本地的南头同事说，水泥铺对面的破旧厂房就是一度鼎盛的南头罐头厂，破败的大门处还有几根欧式的柱子，可见曾经的繁华。

富南路的尽头，“南头水上运动公园”几个字赫然入目。拾级而上，是一个大平台，两旁种着高高的大皇椰树。中间是一个音乐喷泉，炎热的夏夜，五颜六色、会跳舞的水柱，成为孩子玩耍的天堂。走下阶梯，是一个大广场，北面主席台的背景墙造型简洁，像游轮的船头，斜着向上，墙上挂着毛笔行书体的公园名字，旁边是三个倒三角的圆形遮阳伞。

南头水上运动公园里高大的大皇椰子树

南头水上运动公园

南面临江，长长的观礼台近百米，九个石雕的龙头沿着江边一字摆开，龙头朝外，颇有气势。

南头水上运动公园于 2013 年建成使用，面积约 2.45 万平方米，平日里作为百姓休闲、娱乐、运动的场所。每隔一年的 9 月，“南头五人飞艇赛”在这里举行，场面十分热闹。

暖暖的阳光驱走了湿冷的寒流，唤醒了清新明媚的清晨。一对中年夫妇领着四只几乎一模一样的小狗，从平台上下来，先生把一个网球抛到远处，小狗争抢着将网球叼回，放到先生的手里。

一对夫妻带着狗狗在公园玩耍，温馨又有爱

鸡鸦水道里乌龟、鲤鱼潜游水底

江边，三五个年轻的小伙子在垂钓。我自小受母亲严管，生于乡野，却从未体验过钓鱼、捕鱼的乐趣，如今只能是“徒有羡鱼情”。

江中央有个三角洲小岛，又名沙仔岛，据说原属南头，后来归入东凤。如今岛上进驻了地产开发商，几栋建筑物悄然而立。

鸡鸦水道，属西江支流，自顺德而来，可通航和排灌，孕育着这里的世代乡民。

我想起有过数面之缘的权林。权林是土生土长的南头人，他写有“鸡鸦水道”系列诗作，开篇《鸡鸦水道：诗章》写道：

江水牵着暮色的马，越走越远。
我习惯地写下：
“蹄声像一支挽歌正穿肠而过。”
词语便如同一艘艘轮船
轰隆隆地到来，
冒着黑烟，咳嗽，喘息。
我紧接着写下：
“秋风的锯子已经锃亮。”

有一些词就开始交出
它们的温度与色彩。
当我再写下，“我已听见父亲关节的疼痛
听见落日古铜的钟声”。
我忧郁的剂量恰到好处。
不能再多一些。不能——
一只秋虫哽住喉咙便好。

整齐的发型，浅浅的胡须，一件灰色的圆领 T 恤外搭一件深绿色的衬衣，有点泛白的休闲裤子两边耷拉着两个大大的口袋，开一辆红色的本田摩托车，如此随性。这就是我印象中的权林。

他植根于这个地方，日夜翻阅着这里的微风细雨，花开花落。他怀念“遥远的锄头，或犁，或稻花的闪光”，而又不得不接受现代社会的“工业区”。他把翻阅中拧出来的忧伤，化作鸡鸦水道旁的诗篇。鸡鸦水道的江水奔流不息，每一个生活在这里和在这里生活过的人，都将成为这首还在书写的诗篇中的一个名词，一如江上飘来的轮船的汽笛声，由远到近，自近而远。

渡口风景情还在

南头三面环水，据说最先在这里燃起炊烟的南头人是顺着鸡鸦水道打鱼而来。

一艘小渔船沿着鸡鸦水道顺流而下，停靠在一个小沙洲边，开始疍家般的生活。慢慢地，来这里的渔民多了，他们尝试着到岸上圈地建房，开荒种田，繁衍世代。当时出行的交通工具只有船，来往交易的人多了，逐渐形成渡口。渡口附近街道汇聚了越来越多前来买卖的村民，渐渐地形成圩市。这个小沙洲位于沙头坡的南面，故名南头。

1970 年以前，没有公路连接，村民外出靠摆渡，来往靠小艇。南头成立了一个地方特色的部门——南头渡口所。初期南头有六个渡口，通往周边地区。1986 年，南头大桥建成通车，撤消南头渡口所，但仍保留低沙、豸沙、南头三个渡口，与顺德、阜沙、东凤通航，其余渡口则因客源日渐减少、陆路交通日渐增加而被撤消。

从南头水上运动公园沿环镇绿道往西走，不到百米处便有一个渡口，名为和泰渡口。和泰渡口的前身便是南头渡口，旧址位于如今的水上运动公园，后迁移至此。和泰是对岸东凤镇的一个村名，渡口因此而得名。

从绿道边一个小斜坡往下走，是一个十多见方的候船亭，过河的人来这等候。待轮船靠岸，上下船的车和人在左右两条通道通过。岸上的人都上船后，驾驶员将锚收起，“哒哒哒”，船慢慢驶离岸边。一位 60 岁左右的老伯抱着铁匣子过来收钱，渡船费并不贵，单程一个人一块钱，摩托车、单车和货物另外加收费用。

船渐渐抛离岸边，从另一个角度欣赏，这个小镇的场景似乎一下子成为电影里的镜头，可以看到绿道上相向而行的人即将相遇。

船驶过的江面，留下两划波纹。余光中先生在《四个假想敌》中写道:人生有许多事情，正如船后的波纹，总要过后才觉得美。坐船，是为了离开一处堤岸，踏上另一处堤岸。

渡口，从来都是一个充满感情的地方，告别和归来，在所有的故事里都是一道可以煽情的背景。如今，鸡鸦水道旁的渡口，依然满足着南头乡民的出行，风景还在，情依旧。

芬姐和她的金盛隆

在百度地图上搜索“金盛隆”，在南头、东凤、黄圃辖区的不同地点上，浮动的红色圆形光标可以从 1 数到 9。金盛隆是南头本土的连锁产业，从 1998 年发展至今，已有 9 家分店。

大概因为是南头人的商店，自带地域安全感。在一些慈善、公益的场合，也常常能见到金盛隆的名字。第一次见到金盛隆董事长，心中涌起敬意，一个女人能把事业做得如此有声有色，着实不易。后因工作关系，与金盛隆的总经理辉哥有过数面之交，才略知其创业故事。

南头人都亲切地称呼金盛隆董事长为芬姐。金盛隆是芬姐的二次创业成果，在金盛隆之前，芬姐一手操办着南头大酒店。那时南头的经济发展落后，酒店经营效益并不理想。1993 年，芬姐果断地结束酒店的生意，在南和中路租了一间 30 平方米的店面，带着两个儿子开始经营小商店，名为“盛记购销部”。那些年物质匮乏，南头的小商店极少，小店旁边就是医院，常有急需的病人家属半夜前来敲门买东西。芬姐给儿子立下规定：每天准时开店，晚上不管多晚，有人敲门买东西都要开门。对顾客的需求，芬姐的小店几乎是有求必应，顾客临时所需或者特别要求的少量商品，芬姐都会记录下来，待采购时补货。

1997 年，盛记购销部附近开了一家超市，芬姐意识到竞争来了，经过几番努力，租下南和中路的一座大楼，扩大经营。装修、进货，一番折腾后，首间“金盛隆”于 1998 年元旦开业。

从 30 平米的小店到数百平米的超市，于芬姐一家而言，不仅有管理的考验，还有资金的压力。幸运的是，长期合作的供应商给予金盛隆资金支付宽限和友好帮助，超市的资金周转压力得以缓解。芬姐感慨，经营的不仅是商品，还有口碑。

金盛隆的经营效益越来越好，渐成规模。从 2004 年开始，三年里，金盛隆东凤同安店、南头市场店和将军店先后开业。将军店开业的时候，旁边的将军市场还没开始经营，四周商业氛围萧条，但附近建有楼盘和工厂。芬姐坚信自己的选择没有错，没有气氛就创造气氛。于是在超市门口搭建了舞台，花几万元购置一套音响设备，聘请老师对员工进行文艺培训，晚上举办文艺表演、卡拉 OK 比赛、抽奖活动等。这样的活动持续了一年多，直到将军市场开业，周边娱乐场所进驻，商圈逐渐形成后才结束。

2011 年，金盛隆再下两城，分别在南头孖沙市场和黄圃明悦豪庭开了分店，尤其是黄圃明悦豪庭店，向深圳的大型超市学习优秀的设计和先进的管理理念，建成一个综合商业体，成为黄圃最高档次的一家商场。2016 年前后，位于南头光明北路和同乐路交界处的金盛隆光明购物中心开业，一时风光无两。

一百年前，中山人马应彪先生创办了先施公司，引进西方先进的经营方式，商场门口大柱子上大书：首创不二价，诚信名远扬。“先施”一名，谐音英文 Sincere（诚挚）。他用自身行动成功诠释了“盖营业之道，首贵乎诚实”。马应彪先生被称为“中国百货业先驱”，他的故居依然完好保存在南区沙涌村，现作为公园免费开放。

金盛隆的袋子上印着：实实在在，真诚为您。与“先施”之意同出一辙。这也是金盛隆不断发展壮大的不二法宝。

添丁挂灯饮灯酒

灯酒习俗绵延百年

自南头形成村落开始，居住在这里的村民按照习俗建起了一些社坛，也有村庄建起了庙宇，如南城村建孔明庙、将军村建将军庙、华光村建华光庙、北帝村建北帝庙、民安村建妙灵宫等。

北帝庙牌坊

北帝庙门楣

北帝又称真武大帝，是中国神话传说中的北方之神，为道教神仙中赫赫有名的玉京尊神。据传北帝拥有消灾解困、治水御火及延年益寿的神力，颇受人们拥戴。南头村民信奉北帝，清同治六年（1867 年），在村里建起庙宇供奉北帝，村子改名为北帝村。后来，北帝庙被毁，于 1987 重建。北帝庙又名玉虚宫，2015 年，北帝村民集资，再次重建北帝庙。如今，庙前一座高耸的门楼，两旁镶一副金色的对联，上联曰：位镇坎方圣本佑民而锡爵，下联曰：权钦北极帝惟真德以居尊。庙宇碧瓦飞甍、红柱斗拱，门楣上刻“玉虚宫”三个红字，上款写着：民国辛酉冬月，下款写着：阖坊众信重建，看起来颇有年份。庙内宽敞，正中供奉着一尊金色的北帝雕像，北帝赤脚踏着龟蛇，威武庄严。

北帝庙内的物件

南头村民以种植农作物和在捕鱼为生，信仰海神妈祖，便也建庙供奉妈祖。相传，妈祖原名林默，乃南海边一渔民人家女子，通巫术，能预知人间祸福，济困扶危，治病消灾。渔民靠海为生，希望得到海上守护神庇佑。于是人们在妈祖死后立庙祭祀。据说妈祖羽化升天时年仅二十八，正值妙龄之时，故供奉她的庙宇又名妙龄宫，也称妙灵宫。南头民安村的妙灵宫建于 1883 年，庙门口对联曰：覃恩浩荡常流海，后德巍峨独配天。门楣石看起来有段历史了，上刻“妙灵宫”三个金色大字，上款：光绪岁次丁亥，下款写道：一九八九己巳年重建。

庙堂门口红墙绿瓦，飞檐斗拱，十分气派

南头民安村妙灵宫

在中国的传统文化里面，“灯”代表光明，驱散了黑暗，蕴含生生不息、薪火相传之意。又因“灯”字与“丁”字谐音，灯成了人丁的象征。上灯更是带有上丁、添丁之意，故而自古就有添灯、送灯、开灯、挂灯等民俗，祈求家中人丁兴旺。

庙里灯火沾了神威，保佑愿望达成，于是人们常常从庙里将灯火引回家供奉。这种仪式逐渐成为民间吉庆活动，建成北帝庙之后，南头开始有灯酒活动。1921 年北帝庙第三次重建后，灯酒活动便每年举办，至今未间断。

南头各村各社坛、庙宇在农历正月初八至正月十六日中选定一天，然后在每年的这天开灯、挂灯，祈求新的一年风调雨顺，并大摆灯酒宴，邀亲戚朋友一同赴宴，热闹非凡。每年春节期间，南头镇共有大小四十多个庙社举办灯酒宴，少则二三十席，多则三四百席，场面极为壮观。

热闹的灯酒会现场

扎灯

开灯

● 挂灯

南头灯酒习俗由村中长老组织、庙宇理事会筹办，包括扎灯、开灯、挂灯、祈灯、投灯、饮灯酒、请灯等。按照传统，南头灯酒习俗中有花灯 39 盏，其中 33 盏为用竹篾扎成，用纱纸描上花鸟鱼虫、吉祥图腾等图案的“草头灯”，另外 6 盏为用红木制作框架的红木灯。农历十二月前后，用竹篾和彩纸制作花灯，谓之“扎灯”；到正月初六，将花灯集中到庙宇的神灵前，村中长老在案台上摆上烧酒、水果等贡品祭拜祈福，谓之“开灯”；随后把花灯点亮，挂在庙宇里面或屋檐下，供村民欣赏和祈福，谓之“挂灯”。

“掷杯筊”，若一阴一阳则为“圣杯”

祈灯仪式，由村中德高望重的长者主持

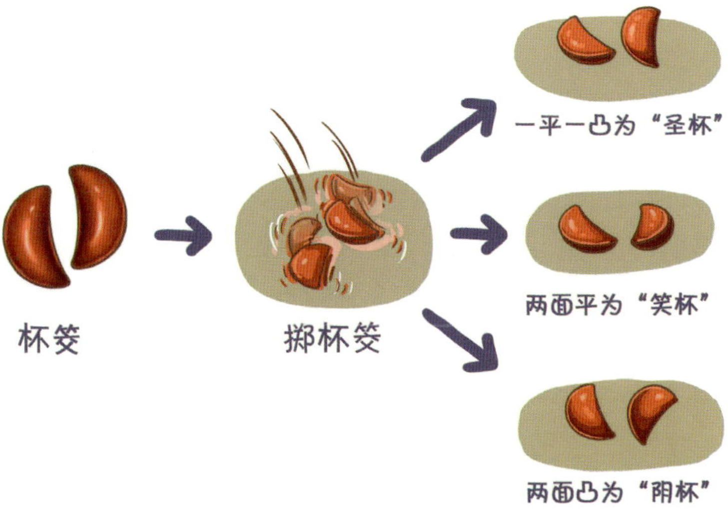

“掷杯筊”

从正月初九开始，南头各村相继举行热闹的灯酒活动。灯酒活动首先是“祈灯”，由村中德高望重的长者主持祈灯仪式，按照赞助先后的顺序“掷杯筊”。“掷杯筊”是人与神佛沟通请示的一种方式。杯筊的材料是木头或竹子，经过削制，呈新月状，共有两片，表里两面外突内平。杯筊的凸出面称为“阴”，平坦面称为“阳”，掷杯筊若一阴一阳则称之为“圣杯”。获得“圣杯”次数最多的前33位村民，可在灯酒会结束后获得一盏花灯带回家。晚上，则在庙宇旁边的空地上大摆宴席，凡参与捐资筹款的村民都可出席灯酒会宴席。

参与竞投的6盏红木灯

灯酒宴期间，有一个环节叫“投灯”，此乃南头灯酒习俗中的重头戏。39盏花灯中，有33盏被村民领走，剩下的6盏大红木灯供在场参加饮灯酒的村民竞投，价高者得。6盏花灯分别为：“头灯，大展宏图”“二号灯，生意兴隆”“三号灯，财源广进”“四号灯，一帆风顺”“五号灯，万事如意”“六号灯，东成西就”。投灯的顺序从后往前，从六号灯到头灯，通常头灯的中标价都会比其他5盏灯的高。村民踊跃投灯，希望花灯给全家带来吉祥和福气，整个投灯过程气氛热烈。

花灯竞投现场

请灯

幸运祈到小花灯和投得大红木灯的村民，在灯酒宴结束后，一路燃鞭炮、舞醒狮把花灯迎回自己的家中，此则为“请灯”。花灯进屋后，把它挂在厅堂供奉的神位右边，每到重要节日或喜庆日子，都要点亮花灯，祈求神灵保佑家宅平安，万事如意。

投灯所得款项作为村中庙宇理事会日常开支。近些年来，投灯所得款项越来越多，村民用这些款项为村里修路建桥、扶贫助学，传统的灯酒会逐渐演变为慈善灯酒会，村民更乐而为之。在南头政府的支持下，“南头灯酒”于 2010 年列入中山市非物质文化遗产名录。

灯酒文化慈善传承

每年春节期间，南头慈善灯酒会是村里的盛事。这不仅是一种虔诚的信仰，还是一种乡情维系的方式，村民们都乐此不疲，尤其是村中操持此项盛事的年长者，更是如此。

北帝社区一位参与组织灯酒宴的长辈说，自懂事开始，便觉得这一天很热闹、很快乐，跟在大人们的后面搬搬弄弄，甚是好玩。年轻时每年都自觉地参与灯酒宴的筹备。“村中集体事务，你出一份力，我出一份力，就很容易、很快把事办好了，”这位长辈说，“在筹备灯酒的过程中，听长辈叨叨那些细节和要注意的事项。如今自己年纪大了，就逐渐担起组织灯酒宴的重任，带着年轻人将这项传统文化传承下去。”

南头诸多社坛、庙宇的灯酒宴中，民安社区妙灵宫和北帝社区北帝庙的灯酒宴规模最大，两个社区的灯酒宴分别在每年的正月初九和正月十六。很早的时候，村民在庙宇前面的空地上就忙碌开来，柴米油盐酱醋茶，猪鸡鸭肉菜鱼虾，台台凳凳，张灯挂彩，吆喝声招呼声，偶尔还夹带几句调侃，说说笑笑。

灯酒会的露天后厨

到了傍晚六七点，前来饮灯酒的人陆续多起来，路边的车龙也越来越长。入口处立着一个红色的充气拱门，拱门下红色地毯铺在酒席中间，两头醒狮在两旁迎宾，场内彩旗飘扬、彩灯闪烁。三四百桌酒

席依次铺开，甚是壮观。酒席的另一头，搭起一个大舞台，舞台前挂了一排大红木花灯，红色的流苏一串串。近年来民安社区妙灵宫的花灯根据寓意订做各种造型，变成金色的装饰品。

● 灯酒会现场布置

醒狮迎宾

灯酒会迎宾的“狮子”

近年来，村民的经济越来越宽裕，企业老板慷慨赞助，邀请演员明星前来表演，或是邀请文化名人上台助兴。主持投灯仪式的是一位五六十岁的男子，因为声音洪亮，被大家亲切地称为“大声公”。“大声公”一手拿着麦克风，一手挥着“东成西就”的牌子，话语风趣幽默，仿佛在说单口相声，现场欢笑声、说话声响成一片。

灯酒会上大家举杯畅饮

主持人风趣幽默，让现场气氛沸腾起来

随着南头工业蓬勃发展，企业和外来人员成为南头的一部分。企业主和外来工也开始参与到南头慈善灯酒会来，慷慨捐款，踊跃投灯，讨个吉祥如意，感受南头的包容与热情。

我的家乡有一种习俗叫“年例”，如儿歌唱的那样：“拉大锯，扯大锯；姥姥家，唱大戏；接姑娘，请女婿；小外甥，你也去。”每年二月初二，家家户户摆宴席，亲朋戚友欢聚一堂，村子里张灯结彩，搭起戏台，晚饭后“督督嚓”唱粤剧，大戏落下帷幕后燃放烟花，一直闹腾到下半夜才逐渐散去。我自从外出读书后，极少回家过年。来到南头，各村的灯酒会我都会去沾沾喜气，背着相机穿走于舞台前和人群中，从镜头中窥得人们满脸欢欣和满足。席间，总有热情的村民拿着酒杯走过来，一起举杯、彼此祝福。正如李白诗中所言：但使主人能醉客，不知何处是他乡。

手工花灯传薪火

花灯制作是南头灯酒习俗的环节之一，又称“扎灯”。南头灯酒习俗延续百年，扎灯是灯酒习俗中融合民俗、竞技和娱乐的部分。花灯由竹篾扎成，用纱纸描上花鸟鱼、吉祥图腾等，用特制的蜡烛作为

学校里，扎灯的老师傅现场教学

学生自己动手制作花灯，玩得不亦乐乎

光源，寓意吉祥和美。花灯的形式和种类越来越丰富，手工制作花灯的技艺濒临失传。

在南头，也有在中秋节扎花灯、游花灯的习俗。2010年开始，北帝社区组织中秋花灯制作比赛，使手工制作花灯的技艺得到保护和传承。

北帝社区与学校达成共识，培养学生动手能力，共同保护手工制作花灯技艺。学校为学生开设手工制作花灯的课程，聘请传统花灯手工制作的老师傅到学校里为学生授课。在活动课上制作花灯，老师傅从选材、编扎、贴纸到配图，各个环节手把手传授。孩子们团团围着老师傅，看着一根薄薄的竹篾变成一个好看的花灯，也颇感好奇。课程结束后，学生们独自制作一盏花灯，作为成果验收，收集起来的花灯多达三四百盏。

中秋节前，所有花灯集中在北帝庙广场悬挂起来。到了晚上，星星点点的灯光亮起，连成一片，煞是好看。政府部门和社区居委会还特地组织花灯评比和颁奖晚会。数百盏手工制作的花灯和精彩的文艺表演，让前来赏灯的村民们感受到中秋佳节的浓厚气氛。

形态各异、花样繁多的花灯悬挂在广场上空，色彩斑斓，灯光熠熠。动物造型的、水果造型的，栩栩如生，孩子们丰富的想象力与创造力，在各种造型的花灯中表现得淋漓尽致。

各色创意花灯

家长带着孩子赏花灯，其乐融融

这一盏代表爱情的“铃兰花朵”花灯与传统花灯结合，寓意幸福美满；那一盏用竹篾制作的传统花灯，象征丰收喜庆。家长们带着孩子，在花灯下观赏玩乐，其乐融融。

头顶那一轮金黄色的明月高挂，夜微凉，灯微亮，孤寂散尽，笙歌婉转，一切吉祥。

游花灯

开锣唱大戏

一曲乡音慰乡愁

京剧名家王佩瑜先生说，京剧，是乡音。

我生长在粤西的一个小村庄，每年的二月初二是村里的年例，村子里搭起戏台，请来粤剧团，从初一到初五，一晚一台戏。初一的晚上，村里人早早吃过晚饭，大人小孩拿着席子凳子挤在戏台前占位置，最后不得已，按村小组抓阄排位。

戏台用背景布隔开，分作前后两半。在后台，两排长条桌合起来摆放，演员们面对面化妆、打扮，靠近背景布一侧挂满五颜六色、星星闪闪的戏服和各式各样的头饰头盔。

后台是演员们的简易化妆间

孩子们最喜欢在后台打闹

儿时的我喜欢跑到后台去，好奇地看着后台忙碌的一切。跑到后台的小孩越来越多，雅苑忙前忙后的嫌我们碍事，便把我们赶出去。戏台是用竹竿搭起来的，只在四周遮了一层红蓝白相间的纤维布。我们顺着竹竿爬到舞台背后，掀开布把头伸进去，有的演员偶尔会拍拍我们的脑袋逗我们玩。

前台传来二胡咿咿的声音，混着扬琴、唢呐、卜鱼的声音，大戏便要开始了。正剧开始前，往往先来一出“排场戏”——《六国大封相》。戏台上的各种人物，集体登台亮相时，演员们表演得尤为卖力，常有须生坐车、吹长须等有趣的表演，博得村民阵阵喝彩。

外出求学至今十多年与家乡相隔很远，家里的年例一直缺席。每年的这几天，尤其想念家乡的大戏。大戏，也是我的乡音。

初到南头时，日常活动的范围很小，我因为工作的关系，有机会参加文联的采风聚会。原来，南头曲艺协会也颇有历史。

南头曲艺协会

会员们开会讨论

在他们的记忆中，自新中国成立以来，南头就有一班热爱粤剧的票友。他们在闲暇之余，凑在一起唱唱曲儿、排排戏，先后排出了《陈世美不认妻》《白毛女》等全剧，还在南头各村巡演。表演场地皆为露天舞台，南方 7 月前雨水天气较多，巡演大多安排在 7 月后。到了年底，表演总得有三十多场。

“文化大革命”时期，曲艺表演中断，直到改革开放后，南头税务所退休职工麦浪再次将南头的粤曲、粤剧爱好者组织起来。1996 年成立了南头曲艺社（后改称南头曲艺协会）。热心公益的南头人梁潮深出资为曲艺社购置设备，南头镇政府在南头敬老院和老人活动中心腾出闲置地方，作为曲艺社活动的场地。曲艺社吸引了三四十位票友加入，全社成员每个星期固定时间凑到一块儿排练。一起排演了《鸳

南头曲艺社成员在室内排练

登台表演，自导自演，自娱自乐

鸳泪洒莫愁湖》等全剧，并创作了《南头展新姿》等曲目。与过去一样，每年 7 月后曲艺社便开始到南头各村巡演，颇受欢迎，特别是老年人，早早到演出场地占好位置。

曲艺社不是以营利为目的的专业粤剧团，每到一村，村里出少许经费，请演员们吃一顿饭即可，演员也不在乎酬劳，乐此不疲地丰富着大家的文化生活。南头曲艺社逐渐成为活跃在乡村间的文艺轻骑队。

如今，南头曲艺每年演出一两回，偶尔闲暇，我也会骑着自行车，在南头公园或是穗西的篮球场边，远远地看着舞台上的表演。不再像从前爬到后台的竹竿上看演员化妆，不再有排场戏《六国大封相》，但舞台上还是会传来二胡咿咿的声音，混着扬琴、唢呐、卜鱼的声音。演员粉墨登场，虽比不上专业剧团，也韵味十足。

台上的人投入地表演，台下的人入迷地看着

曲终人散，昏黄的路灯逐渐亮起，路上忽明忽暗，回忆和想念随着迎面而来的晚风慢慢飘远。

夕阳艺术夕阳红

沿着滘心河涌往东走，到孖沙穗兴路旁，便能见到一家老人活动中心，每逢周六，远远地就能听到老人活动中心二楼传来笛子、扬琴的弹奏声。从路边的侧门进去，二楼是一个二三十平方米的训练厅，一群孩子，有的手拿笛子，有的敲着扬琴，一位年轻的老师正给他们上课。

南头镇南穗曲艺协会

穿过训练厅，通过一道铁门，里面还有一个四五十平方米的房间，正对着门的是高出地面近三十厘米的舞台，舞台的左侧摆着各种谱架和二胡、小鼓等。靠近门口右侧的墙上贴满了照片，是南头曲艺协会的活动剪影。门口左侧靠墙有一张茶桌，过去是一个书架，上面堆满了粤剧曲谱。

● 房间里的小舞台

● 舞台旁散放着各种乐器

● 满墙的照片都是协会的活动剪影

这里是南头南穗曲艺协会的大本营。晚饭后一众票友陆续到此，进门寒暄几句，便拿起家伙，自然地融入到正在演奏的乐曲中。

打理大本营的是卢权深老师，一位痴迷于戏曲和各种乐器的老行家。初识卢老师是在一次广场舞比赛上，卢老师作为南头代表队队员之一，身穿白色的民族舞蹈服，坐在人群中，言语不多。后来接触多了，发现卢老师为人热情诚恳，说起戏曲和乐器，更是滔滔不绝、如数家珍。

发烧友们练得很投入

热情、亲切的卢老师

卢老师家中兄弟姐妹较多，他是家中的老幺，兄弟中一位比他大二十岁的哥哥，新中国成立初期就在南头当地组织了一个业余粤剧团。团员以穗西、孖沙和北帝村民为主，排了一出《陈世美不认妻》全剧。“文化大革命”后期，卢老师的另一位哥哥组织团员排了一出《白毛女》，哥哥饰演杨白劳。期间还排演了一出小剧目，讲述村民给红军送粮的故事，那时 7 岁的卢老师演了剧中一个小孩的角色。卢老师从小跟在两位大哥的身边耳濡目染，对乐器和戏曲产生浓厚的兴趣。家里经济条件不好，买不起乐器，卢老师就砍来竹子，用火棒在竹子钻洞，自制成笛子。卢老师有音乐天分，二胡、扬琴、唢呐、萨克斯等乐器，样样无师自通，自学成才。卢老师还参加粤剧团，哪里的粤剧团缺拉二胡或者弹扬琴的，找上卢老师，他都热衷参与。跑团的见识让他积累了舞台经验，掌握不少幕后工作技能，对设备操作了如指掌。

童年的卢老师自制竹笛

1996 年南头戏曲协会成立后，卢老师连续 13 年担任会长，期间组织会员排了《鸳鸯泪洒莫愁湖》全剧。2010 年，卢老师回到自己所在穗西的社区，成立南穗曲艺协会，潜心研究，创作了《南头展新姿》等 10 多首粤曲曲目。

卢老师将粤剧称之为“夕阳艺术”，现在偶尔还在镇内演出，但不再像从前一样频繁。多年来卢老师在管理曲艺协会事务之余，还在升辉小学每个星期义务开设两节民乐课程，培养孩子对民乐演奏的兴趣。

在一众票友中，发现了几个青年小伙子的身影，这真让人欣喜。大半个世纪以来，吹拉弹唱都已融入这些淳朴村民的血液里。

卢老师教孩子吹笛子

卢老师给孩子们上课

五人飞艇、醒狮竞技，
你今日睇左未？

五人飞艇故事深

2011 年开始，南头的五人飞艇赛每隔一年举行一次。2017 年又到了举办赛事的年份，让人颇为期待。从五人飞艇的文化里，或许更能读懂南头人的坚韧、阔达和包容。

南头地处珠江三角洲水网地带，镇内河涌纵横。过去，农艇是村民的必不可少的交通工具，出行、耕作、捕鱼，哪一项都离不开它，因此几乎家家户户都会划艇。从清末开始，每年秋收过后的农闲时间，村民自发组织划农艇比赛，以庆祝丰收。

过去，农艇是村民的生活必需品，划艇更是人人都必须掌握的生活技能

比赛的次数越来越多，慢慢形成一套比赛的规则，过去用于比赛的农艇变成了特定的赛艇。赛艇与常见的龙舟相似，一般用杉木做成，木质轻盈，浮水性强。赛艇全长约 12 米、重约 60 公斤，有利于比赛时快速前行。艇身最宽处约 0.5 米，两头渐窄而尖，宽约 10 厘米。每支赛艇有五名选手，故称“五人龙舟”，因比常见的龙舟轻盈、速度快，又称“五人飞艇”。五人飞艇赛由组织方划定比赛路线，没有明确的距离和时间限定，参赛队伍统一从起点出发、角逐，直至前几名的队伍明显分出胜负为止。角逐过程通常持续 3~4 个小时，极考验选手的耐力、技术、团结协作以及意志品质。

每到农闲时候，村民都会自发举行划农艇比赛

取出赛艇

认真修补

临近比赛，每天傍晚都能看到村民在河道上训练

农历八月二十四日是“孔明诞”。当天，南头村民在孔明庙举行隆重的拜祭仪式，烧花炮、抢红纸、请戏班做神功戏、举行五人飞艇赛等，祈求平安健康。现在的五人飞艇赛举办时间改为孔明诞前后。

南头人对五人飞艇赛甚是热衷。2009 年开始，南头镇举办大型赛事，甚至是公开赛，广邀队伍前来参加。镇内企业热心支持，慷慨解囊，共襄盛举，冠军奖金高达数万元，对参赛队伍是一种极大的吸引和激励。

赛前一个月，村民便从存放赛艇的地方取出赛艇，对赛艇进行检查、修补或重新上漆。每到傍晚，村民在鸡鸦水道上训练，夕阳照得河面波光粼粼，“嘿嗬”一声接一声，清脆而嘹亮，抛下一圈圈的波浪渐渐远去。

赛艇选手，在日常农作中得到锻炼，水性好、耐力足，且经验丰富，统称为“扒仔”。按在艇上座位的前后顺序，选手分别为“头公”“二公”“扫肚”“帮艄”“艄公”。“头公”必须力气大，控制着船头的方向。“二公”帮助“头公”控制船头方向。“扫肚”只需奋力猛扒，使赛艇快速前进。“帮艄”协助“艄公”把握小艇的前进方向，并适时清干赛艇积水，以减轻赛艇的重量。“艄公”即掌舵的人，控制赛艇的前进方向，负责转弯、调头。技术高超的“艄公”可边扒船边上下弹跳，使飞艇在水面上下翻腾，俗称“摁龙”，以鼓舞士气和加快赛艇前进速度。

参赛选手蓄势待发

不仅岸边，连水上都挤满了围观群众

南头五人飞艇赛的举办地点在鸡鸦水道边的水上公园。比赛当天，村民在南头各路口早早放置好赛事举行场所的指示牌，为前来观赛的人们作引导，建设路、光明北路等通向水上公园的主要道路也早早规划好停车场。一切井然有序，沿路彩旗飘扬。

走上沿河绿道，远远便听见从主会场传来的歌声，看到飘在半空红色的氢气球，熙熙攘攘的人群都往水上公园走去。公园里已是人潮涌动，北面的主席台挂起了赛事的主题背景，象征性的小拱门为赛事结束后的颁奖地方。在公园的东面，上百头烧猪一字排开，每头烧猪的前面摆着一个黑色的大瓦埕，里面装的是米酒。烧猪对面是一字排开的罗伞和高标。

● 烧猪、米酒一字排开，很是壮观

烧猪、米酒、罗伞和高标“四件套”，是南头五人飞艇赛的奖品“标配”。烧猪和米酒是对参赛者的犒劳。罗伞本是古代皇帝出行的仪仗之一，用于遮阳挡雨，在五人飞艇赛中被当做奖品，是荣誉的象征。罗伞的由红、绿、金色相间的绸布做成，上面绣有龙、凤、麒麟等吉祥图案，边缘缀着各种颜色的流苏。罗伞一侧有两条相连的红绸，以绿色绸布封边，最底下是龙头的图案，上面写有南头五人飞艇赛举办的时间和比赛名次。传统的高标只是一段长达 10 米的花布，用竹子撑起来。过去，比赛结束后，高标被取下，分给村民们用作小孩衣服的布料，寓意“快高长大”。随着村民的生活水平提高，布料不再稀缺，制作高标的材料越来越好，从普通的花布变成锦缎，如今已是刺绣的绸缎。高标撑起来像极了古代皇帝出行的幡旗，与罗伞放在一起互相映衬，甚是好看。如今大多数高标已不再裁开分给村民，而是作为纪念品存放在村中庙宇、文化活动中心等集体场所。

罗伞与高标放在一起，互相映衬，甚是好看

河边的观礼台摆着两排长条桌子，铺上红布，接待观赛贵宾。观礼台前面搭起一块十来方的舞台，用于比赛间隙的文艺表演。观礼台的右侧不远处，是两座浮台。浮台四周用蓝白色祥云装扮，两座浮台的上空由两条腾龙相向连接，腾龙下挂着“龙门”两个大字，此处就是比赛的终点和赛事的指挥台。

“龙门”是“五人飞艇”比赛的终点

焚香

洒水

五人飞艇正式比赛包括祭龙、放龙、竞渡、夺标、颁奖、吃龙舟饭等内容。

当天比赛前，村民将参赛的赛艇抬到村中庙宇或社坊土地公前，燃烧香烛冥纸，祈求神灵保佑比赛顺利、夺标夺冠。然后用黄皮树叶沾水洒向赛艇，从船头到船尾、从船身到船桡，寓意驱走邪气。有的村民习惯在河边拜祭神灵，祈求平安。此乃“祭龙”。

2013中山南头镇国庆

祭龙完毕，参赛者将赛艇划到比赛的出发点集中，每支赛艇派一个代表到指挥台抽签，以确定各自队伍的参赛号码。参赛选手将抽得的号码贴在赛艇一侧，便于识别。一切准备就绪，全场屏息，赛事总指挥一声令下，礼炮齐响，缤纷的彩纸碎片从天而降，纷纷飘落。参赛者划动手中的桡，水花飞溅，奋力争先，上百艘飞艇齐头并发，如离弦之箭在河面飞驰，场面蔚为壮观。此为“放龙”。

放龙

“放龙”过后，赛艇沿鸡鸦水道，朝东南方向顺流而下，绕沙仔岛回旋调头，再朝西北方逆流而上，经过观礼台，穿过 “龙门”，再调头顺流而去，以此为一圈。“放龙”后的河面一度较为平静，随着圈数越来越多，比赛队伍距离逐渐拉开，河面上的赛艇来回穿流，“竞渡”的场面煞是好看。以往的赛事中，“扒仔”基本都是男性中青年。偶尔有女子队伍，丝毫不逊色于男队，为赛事增添更多的观赏性。

鸡鸦水道的河面宽阔，飞艇竞渡的场面四面可观。每逢比赛，水道沿岸挤满观众，也有村民划自家农作用的泥艇，停泊在岸边观看比赛。对岸邻镇的村民也会聚集岸边，悠闲观战。每有赛艇经过，两岸的观众便欢呼呐喊，加油助威，气氛热烈。

鸡鸦水道两岸，沿路彩旗飘扬

比赛中的能量补给

因为赛程和比赛时间较长，五人飞艇赛又称“水上马拉松”。参赛者在比赛前都会填饱肚子，补充体力，但比赛中消耗的体力和能量极大，当比赛进行到一定的时间，河面就会出现“能量补给艇”，提供稀粥和水，为队员补充能量和水分。

参赛的飞艇在鸡鸦水道上进行多个回合竞赛，等到第五六圈，各飞艇明显拉开距离的时候，赛事指挥就会在龙门处挥动旗子，告知经过的飞艇赛事进入最后一圈。此时龙门处赛事指挥拉起红绸，用细长的竹竿吊着一封利是、一个红球，等待第一只飞艇冲刺“夺标”。第一艘冲过龙门、摘下红球的飞艇，便是冠军。

夺标

比赛结束后，赛事组委会根据参赛队伍的成绩进行颁奖，通常给每个参赛者都奖励一头烧猪、一埕米酒，名列前茅的队伍还能获得不同金额的丰厚奖金，还有罗伞、高标、奖杯、奖牌等奖品。村民乐呵呵地扛着烧猪、抬着米酒回到村里，把罗伞、高标一起摆在庙宇前面，拜祭神灵，感谢神恩。到了晚上，村民大摆宴席，吃“龙舟饭”，老少同乐，十分热闹。

赛事结束后，人们抬着烧猪和米酒回到村里

返回庙里祭祖

南头五人飞艇赛自清朝末年至今，约 150 年历史，2011 年被列入广东省第四批非物质文化遗产名录。每届赛事，夺冠之人皆是日常奔走于江河、赤脚踏浪、皮肤黝黑、阳光与岁月深深埋进皱纹里的乡民。每届赛事堪称南头百姓的一场文化盛会，万人空巷。南头人民以独有的坚韧和豁达，将鸡鸦水道旁的水乡文化演绎得淋漓尽致。

醒狮高腾献福瑞

醒狮是一项传统的文化，也是一项民间艺术。醒狮的眼眶绒绒长毛，里面藏着炯炯有神的大眼睛，高高的鼻子前端挂着两个彩色绣球；脸涂红漆，火苗点缀；上唇一圈浓密大胡子直挂两耳，下颚长须飞扬；狮身金片作鳞，绒毛为边。每个狮子栩栩如生，不同的狮子，舞起来体现不同的气质和性格，黑色威武，黄色尊贵，红色性烈，白色雅静。

醒狮艺术除了体现在狮子制作的工艺，还体现在醒狮的表演。醒狮表演融合了音乐、武术和舞蹈，甚至还有杂技的成分，颇具观赏性。

自古以来，人们认为狮子是一种辟邪避害的吉祥物，节庆、奠基开业典礼等活动，必有醒狮助兴。无论在什么地方，听到锣鼓擂响，就知道今天有人家办喜事。

● 重大活动时都会有醒狮表演

在广东，几乎每个乡镇、甚至每个村都有醒狮队，逢年过节、喜庆之日，大小老幼，总能舞一把。

每年正月，南头各村的慈善灯酒会，醒狮早早地在灯酒会外的拱形迎宾门下，恭迎各方宾客。客人越来越多，醒狮队便开始为客人们表演自己的拿手好戏，或是“狮子吐球”，或是“攀高采青”，精彩的表演博得围观者阵阵喝彩。

南头醒狮以将军村的醒狮队最为著名。将军村醒狮队在很久以前已自成一脉，如今到了培叔这里，已是第五代。

培叔的父亲也是将军村醒狮队成员，培叔自小就对醒狮有浓厚的兴趣，锣鼓声比妈妈的召唤还灵，无论在哪里玩耍，远远一听到锣鼓响起来，丢下小伙伴就往声音传来的方向跑。小时候，每次培叔父亲在醒狮队训练的时候，他都在旁边观看；父亲的醒狮队在村里或镇上表演，他就跟着醒狮队伍的尾巴跑。

“文化大革命”期间，醒狮队一度解散。改革开放后，醒狮队再度兴起，培叔那时已长成帅小伙，加入了醒狮队。晚上训练时，在师傅教导下蹲马步、练武术、练体能，跟着前辈们一招一式地学习。前辈叮嘱年轻的培叔，老传统不能断，醒狮文化不能丢。于是培叔和年轻的伙伴，重整家当，将醒狮队重振声威。

将军村的醒狮队

扎马步是基本功

扎好了马步就要开始学招式

广东醒狮发源于佛山南海，其代表人物是大家熟知的一代宗师黄飞鸿，因此醒狮文化在珠三角颇受重视。直到今天，珠三角各地每年都会组织举办醒狮比赛，诚邀各地醒狮队共赴盛会，弘扬民间传统文化。

培叔认为，要提高醒狮技艺，不能满足于学习套路，不能仅仅为了节庆日子在村里、镇上表演一番，要在大舞台上与高手切磋学习，技术才可日渐精进。于是每年的醒狮比赛，培叔都组织队员积极备战，鼓励大家踊跃参赛。

醒狮比赛对细节要求较严格，从出场收式、套路编排、套路动作、鼓乐配合、服装器材、表演时间把握及队员的精神面貌，每项分别评分。通过与别的醒狮队同台竞技，培叔和队员们开阔了眼界，取长补短，不断进步，在全市、全省的比赛中屡次获奖。

醒狮表演技艺有多种套路，其中“采青”便是精髓，在新春贺岁、开业庆典皆有此环节。南头醒狮的套路遵从地方传统习俗，将过程中各个细节、表演的戏剧性和故事性展示得淋漓尽致，颇具有自身的特色，譬如采青中操青、惊青、食青、吐青等套路。南头醒狮遵从传统，每个套路中的动作充分表达，老前辈或者行家一看，便知醒狮队来自南头。

让培叔印象最为深刻的，是南头中心市场开业时的“采青”，把生菜和利是吊在南头市场高高的门楣下，距离地面足有十多米。培叔舞着狮子，一步一步走上桩，腾空跃起，但还是够不着。后来众人取来长梯，在底下撑扶，培叔边舞狮子边慢慢拾级而上，最后腾空一跃，将生菜和利是一口叼了下来，底下的群众纷纷大声喝彩。

醒狮成了培叔生活的一部分，除了营生的主业，培叔在空闲时间时常组织队员训练，遇上比赛和庆典活动，

训练就略为频繁。

2014 年，南头成立醒狮协会，培叔担任会长。醒狮协会现有成员三十多人，对舞狮感兴趣的年轻人，培叔都会吸纳进队，好好培养。从 2017 年开始，将军小学邀请培叔为学生开设第三课堂，教授舞狮技艺。培叔和协会的秘书长欧老师，像过去前辈教他们那样，训练学生蹲马步、训练体能，跟着鼓点操练。外出表演参赛，培叔也会带上几个得意弟子，让他们长长见识，并利用空余时间现场教学。天资较好又勤于训练的弟子迅速成长，如今也可以独当一面，代表协会参加比赛。

培叔指导队员训练

外耕农的鱼儿肥

南头镇外延农业产品展销中心

展销中心里摆放着各种农副产品

外出种养天地亦宽

在光明北路金盛隆购物中心旁边，一家店面很是惹眼，屋檐上红色条形长板上面写着一行白色的黑体字——“南头镇外延农业产品展销中心”，门楣上挂着一个牌子——“广东名优无公害农特产展销中心”。门口左边的两个牌子分别是“中山市南头镇外延农业专业合作社”“中山市南头镇外延渔业专业合作社”。店里装饰简单大气，橱柜上摆着许多瓶瓶罐罐，都是一些腌制品，地上摆着大筐大筐的红薯和其他瓜果。

南头外延农业（渔业）专业合作社展销中心初建之时，展厅的面积比现在还大些。展厅里有两列玻璃池，里面装着合作社成员养殖的桂花鱼、笋壳鱼、鳗鱼、甲鱼、龟、虾等水产品，还陈列着蔬菜、瓜果等农产品。如今展厅面积减半，展销的产品大部分是广东各地的土特产。

南头依水而建，南头人傍水而生。20 世纪 80 年代初，改革开放的春风悄然而来，春江水暖，南头的农民开始在镇内承包鱼塘养殖“四大家鱼”——罗非鱼、大头鱼、鲮鱼、鲩鱼，大型承包养殖让南头一度成为广东省出口鱼基地之一。中山市内只有南头、东凤、小榄和古镇四个鱼出口基地，主要销往香港和澳门。

● 展厅

大头鱼

鲩鱼

罗非鱼

鲮鱼

从20世纪90年代开始，南头工业飞速发展，镇内土地日趋紧缺，养殖户尝试在镇外租用土地，开荒成塘，继续养殖。先富带后富，外出租地养殖的村民越来越多，形成南头农业外延的绿色军团，被称为“外耕农”。至今，南头外出养殖耕种的村民有三百多户，涉及养殖、种植和林业，其中以养殖居多，镇外的耕种面积是南头原有耕地面积的三倍。南头外耕农的足迹遍布省内外十多个市，二十多个镇区，大多在中山及周边市镇。

外耕农昌哥的养殖场在番禺，从南头出发，约三四十分钟路程。汽车路过几条村道，跨过几座小桥，从一排高耸的杉木转出，进入一条两边长满草的泥路，豁然开朗。放眼望去是一个个鱼塘，鱼塘中间，小水车在卖力地工作着，将池水搅得沸腾。汽车在一个铁闸门前停下，两只大黑狗“汪汪”叫着，狂奔至跟前，主人吆喝两声，又顺从地低下头随尾而来。

从铁闸门进去，有一间木屋。底下一半用红砖砌成，上面一半用木板和木皮搭起来，大杉木做横梁，横梁上铺些木板，木板上再盖一层水泥。屋子里家具极少且陈旧，大多是捕鱼的网、竹筐之类的工具。昌哥笑说，这是他的“办公室”。

鲮鱼的收成期是一年以上，鲩鱼养殖六七个月即可上市，半斤多重的大头鱼如果投放到大的鱼塘，养殖两三个月就变成了大鱼。大头鱼收成上市后，再放鱼种，一年可以养殖三批。“四大家鱼”对养殖技术要求并不高，故而大多外耕农从事养殖都选择从“四大家鱼”开始。

昌哥从事养殖是半路出家，养殖“四大家鱼”两三年后，发现这些鱼儿利润越来越少，市场竞争大，甚至还遇到销售障碍。鲩鱼的重量达到三斤才算合格，甚至五斤以上的才被鱼站接受。

于是昌哥开始尝试养殖优新品种，先是养殖部分桂花鱼，或者在“四大家鱼”中混养水鱼，最后转型改养黄骨鱼、笋壳鱼和虾等品种。昌哥笑吟吟地告诉我，这些品种中，笋壳鱼最值钱。笋壳鱼属于肉食鱼类，

生长差异较大，如果喂养的肉类不够多，就会同类相吃，大鱼吃小鱼，因此要分级养殖，减少互相残杀，提高产量。笋壳鱼有多个品种，外耕农中以养殖澳洲笋壳鱼和泰国笋壳鱼居多，二者中又以泰国笋壳鱼备受市场青睐。

泰国笋壳鱼的生长速度相对慢些，饲养周期通常为一年半，达到一定级别的鱼与不入级的差价较大。昌哥说，除了产品自身质量过硬，拥有好的销售渠道才能获取更多的收益。于是他们在农闲时跑遍省内外，开拓更多的销售市场，联系销售链终端，减少中介环节，提高经济效益。

桑菊、鱼塘、水车，一派生机勃勃的田园风光

桂花鱼

泰国笋壳鱼

笋壳鱼

工业时代来临和城镇化发展，南头农民离开固守的土地，他们不再从事传统的播种插秧、男耕女织的劳作，而是投身于高投入高产出的劳耕模式，在更广的地方开辟更大的天地。

就哥和阿添的故事

南头的外耕农中，梁就添和廖发添，一位是最早的外耕农，一位是最年轻的外耕农，一个是坚守，一个是义无反顾。

梁就添与我父亲的年龄相仿，大家都亲切地称呼他“就哥”。

就哥是南头外耕农中第一批“吃螃蟹”的人。20 世纪 80 年代初，村里有人开始搞养殖，就哥就在镇内承包 100 亩鱼塘，开始从事“四大家鱼”的养殖和鱼苗繁殖的工作。那时南头的交通很不便利，就哥添置三艘小渔船，主动将自家养的鱼儿运往顺德、南海等地销售。一年后，他成为了村里首批“万元户”。村内的兄弟闻声响应，陆续操持起养殖来，就哥也极为乐意为兄弟们提供帮助。

20 世纪 90 年代初，南头工业开始发展，土地被征用，养殖业的空间受限。就哥寻思将养殖场迁至他处，在黄圃承包了 200 亩鱼塘，成为南头首批走出镇外继续养殖的农民。

勤劳致富。就哥看到村里有些兄弟要么养殖经营止步不前，要么为生活一筹莫展，便鼓励兄弟们外出从事养殖，对新手更是手把手地传授养殖技术。就哥还出资与兄弟合伙开办新的养殖场，兄弟们有钱出钱、有力出力，经营利润平分。2004 年，就哥出资数百万，与农民

梁就添

兄弟在民众、三角等地承包鱼塘八百多亩，不料亏了两百多万。他没有因此抱怨和气馁，依然鼓励合伙人坚持下去。苦心人，天不负。两年后，他们不仅收回了成本，而且收获了可观的盈利。

在就哥的帮助下，二十多户人家成了养殖专业户，六十多位村民实现了就业，养殖面积最多的时候达八百多亩。把农民兄弟养殖的路子铺好后，就哥选择功成身退，相继退出各个合作养殖场。但他的热心不减，农民兄弟有什么疑难他依然义不容辞帮忙解决，还时常与兄弟共享市场和政策上的信息。就哥的豁达和担当得到农民兄弟的拥护

少年廖发添跟着父亲去割草喂鱼

和信任，当南头成立种养协会，就哥被推选为会长，还被授予“中山市劳动模范”的光荣称号，当选为中山市人大代表，真正成为农民兄弟的“代言人”。

就哥年近古稀，依然开着一辆白色的本田 SUV 奔走于镇内外。每次在办公楼外遇见，就哥远远地便伸出厚实温暖的右手，古铜色的脸上满是笑容，友好、亲切。

廖发添是南头少有的 80 后外耕农，既有年轻人的创业激情，也有着生意人的老练。阿添出生在养鱼世家，爷爷年轻的时候被分派到上海学习养鱼技术，新中国成立后，回到村里专门养殖鱼苗，被分到生产队去养殖。养鱼技术父传子、子传孙，到了阿添，已是三代相传。

阿添十四岁就跟着父亲学养鱼，每天踩着三轮车，拉着几百斤的猪粪到鱼塘，割草喂鱼。阿添仅用了八个月将鱼养大，然后卖出，赚得人生的第一桶金——一万元。

阿添怀揣万元，兴奋不已，但他并未满足，与父亲商量后，到番禺一口气承包了130亩的鱼塘，将其中四十多亩租给同村兄弟，自己与父亲打理八十多亩。不料不久后父亲病重，打理鱼塘的重担落在了阿添的肩上。

无论多累多苦，阿添坚持早上六点起床，有时刮鱼起的还更早。阿添十六岁，在同龄人开始青葱烂漫的花季雨季的时候，他已学会了技术、学会了做人、学会了吃苦，比别人多一份生活馈赠的体会和磨炼。

廖发添起早贪黑，把心血全部投在鱼塘上

廖发添与村民一起捞鱼

一次的交易金额几十万元，尽管少年老成，但鱼商看到十六七岁的阿添仍是心存疑虑，担心对方太过年轻，不够稳重。于是阿添蓄起胡子，打扮得更加成熟，以便与陌生的鱼商打交道。

天道酬勤，阿添的勤劳让自己的养殖事业越做越大。如今，他的养殖场已有三百多亩，交通工具从自行车、公交车，到摩托车、面包车，换成了小轿车。

现在，80 后也步入而立之年。阿添十多年如一日，孜孜不倦地打理着自己的养殖场，财富和经验与日俱增。

我又想起那个接待室里挂着的书法作品《努力工作，有钱有快乐》。歌曲也唱道："蚂蚁亦要搵嘢食，唔做事确系无益，少壮就要多努力，望来日自食其力。"努力工作，一半为生活，一半是生活。

南头制造『够威水』

中山市家电创新中心
中国质量认证中心
华南绿色设计研发基地
CEL
中国电器科学研究院
中山日用电器创新中心
德国莱茵
中山分公司

从“南头生产”到“南头制造”

细细翻阅南头的历史，南头的经济腾飞之路，实则是这个小镇的工业发展史。在这激荡的近 20 年中，家电毋庸置疑的成为主角。

在过去车马邮件都慢的年代，三面环水的南头显得尤其局促，但总有敏锐之人，窥得时代几分春风细雨。

1942 年，华光村（今将军社区）的村民梁流发办起流发糖厂、流发丝厂两间小工厂，规模很小，却是南头最早的工厂。1958 年，民安村集体办起砖瓦厂，成为南头第一家村办企业。到了 1960 年，南头公社在东凤办起规模较大的砖厂，两孔轮窑，采用人工生产，共有约 200 名工人，成为南头第一家社办企业。1979 年，中山县南头缫丝厂在穗西开办，工厂占地一百多亩，员工数量达六百多人，成为南头当时规模最大的社办企业。1988 年 6 月，南头引进第一家外资企业——南艺制革有限公司，专业生产黄牛皮鞋面皮、皮包革等，产品远销海外。

砖瓦厂工人

顺德拥有众多知名品牌企业

20 世纪 80 年代，改革开放中，珠三角崛起四座经济发展迅猛的中小城市——南海、顺德、中山、东莞，被称为“广东四小虎”。顺德重点发展乡镇集体经济，乡镇集体工业成了全县经济的支柱。南海“五个轮子”（县、镇、区、联合体、户）一起转，三大产业齐发展。东莞“三来一补”遍地开花，经济起飞。中山则以地方国营经济为龙头，带动全市经济发展。威力、小霸王、精细化工、凯达等十多家市属公有企业组成“中山联合舰队”，创造中山工业发展的传奇和神话。在风潮滚滚的大时代背景下，南头除了南艺制革被人津津乐道，其他的厂企要么昙花一现，要么苦于谋生。正是这漫长的前奏，酝酿着南头经济的巨大腾飞。

20 世纪 90 年代末期，中山的“联合舰队”搁浅，面临重新洗牌。中山对市属公有企业进行产权制度改革，政府从 95% 的国有企业中退出，为民营企业提供更广阔的发展空间，让中山经济再度腾飞。

顺德有着“家电王国”“家电之都”的美誉，拥有美的、科龙、容声、万家乐、格兰仕、万和六大中国驰名商标。南头地处中山北部，与顺德容桂一河之隔，顺德家电产业悄然进入南头，南头将挤上经济发展的列车。

南头开辟升辉南和升辉北两大工业区。升辉南工业区，占地 7800 多亩，包括家电、五金制品机械、电子、通讯器材、洁具等产品。升辉北工业区占地 14300 多亩，企业 200 多家。南头对知名品牌的引进不遗余力。2000 年，长虹和 TCL 两个国内著名品牌先后落户南头，荣事达、奥马、樱雪、阿诗丹顿等家电企业紧随其后。

2002 年南头成为“广东省家电专业镇”，拥有空调器、电视机、电冰箱等大家电及其配套企业 160 多家，形成完善的家电工业体系。2003 年全镇工业总产值达 96 亿元，进入中山工业强镇行列，其中家

升辉北工业区

电企业的工业产值超过70亿元，占全镇工业产值的75%。南头形成了以空调、电视、冰箱等大家电为龙头，小家电门类齐全，零配件配套完善的区域特色产业优势，建立以家电产业为主的经济结构。

2004年5月，南头参加了在北京举行的“中国国际家电展”，当时，会刊以《珠江三角洲冉冉升起的一颗耀眼的新星——百亿南头镇》为题，介绍了强势的南头工业，使南头第一次在全国顶级规模的家电展会上亮相。同年，南头镇被中国轻工业联合会和中国家用电器协会授予全国首个镇级“中国家电产业基地”称号。

进驻南头的知名品牌家电企业

升辉南工业区

南头现有家电产品及配套企业 1300 多家，近邻的东凤镇亦是小家电企业集聚地，黄圃镇虽以食品工业较为特出，但也有格兰仕这样的大企业进驻。中山北部三镇的家电产业与顺德家电产业相呼应，形成一条中国最具影响力的家电走廊。

家电企业的迅速发展，吸引了更多产业顶端的服务平台进驻。中山市家电创新中心在南头建立，中山市家电协会在此常驻办公，中国质量认证中心、中国电器科学研究院、中国家电研究院、德国莱茵公司、广东大业工业设计中心等国内外知名的权威机构也相继进驻。南头还组建工业设计中心和产品孵化基地以及质量检测认证平台、产学研合作平台、信息服务平台三大平台，构建一个辐射全市以及市外周边地区家电产业的公共服务平台。

南头家电创新中心

从引进品牌到产出品牌，南头从“中山家电产业基地”升级为“中国家电品牌基地”。目前，全镇拥有省级以上名牌名标近 60 个，其中家电品牌超过 30 个，品牌占有量居全国家电行业前列。从南头走出去的大小家电，已打上“南头制造”的烙印。

工业区风景也独好

升辉南和升辉北工业区，以南头大道为界，两区分居南北两侧。身处工业区中，总会听到四周生产车间传来的哒哒声和工人装卸货的吆喝声。不时有大货车从身边缓缓驶过，笨拙的碾过减速带，“轰隆、轰隆”，掀起一股泥尘，然后“呲”的一声，大货车像老黄鸭般，左右晃动，缓缓驶去。

众多国内外知名权威机构纷纷进驻南头

工业区里常见的风景

“工业区”一词，让人听着就感受到一股烟尘和冰冷，枯燥得让人窒息。然而，工业区也有许多不曾被人留意的风景。

企业大多都设有自己的产品展厅，规模或大或小，档次或高或低，向来访的客人展示公司的形象和产品。位于东福北路附近的“乐宜嘉”家居设备公司的展厅规模较大，如家居超市般，厨房、客厅、卧室等各种整体布置，立体式全方位展示家居装饰产品。东福路牌坊一旁的正飞照明公司，展厅设在公司大堂一侧，里面摆满各式各样的手电筒、照明灯、台灯。我曾随朋友访问穗西的一家生产电风扇和充电宝的企业，企业展厅里，大到客厅吊扇，小到手持微型风扇，应有尽有，十分壮观。有的风扇还被制作成工艺品，颇具观赏性。还有大家电的展厅，如长虹电视的展厅，不仅可以看到长虹的最新产品，还可以体验一把。3D 电视、新型显示屏以及各类适应电视机的游戏，从视觉、听觉到触觉，带来科技创新的快感。奥马的展厅里陈列着各式各样的冰箱，从单门到三门、四门的，从高到矮排序。展厅一圈，便将冰箱的整个家族都介绍了一遍。樱雪的展厅摆设的是厨卫电器，抽油烟机、消毒碗柜、燃气炉和热水器。工作人员一边介绍一边演示，各种智能化、便捷化的操作会让男人也爱上厨房。南头还有部分化工企业，生产洗发水、沐浴露等产品。我参观了某家企业的展厅才知道，原来我们日常用的面膜、湿纸巾、洗面奶等产品竟有不少都是南头生产的，其中还不乏知名品牌产品。

长虹商贸中心

樱雪展厅，陈列着各式各样的厨卫家电

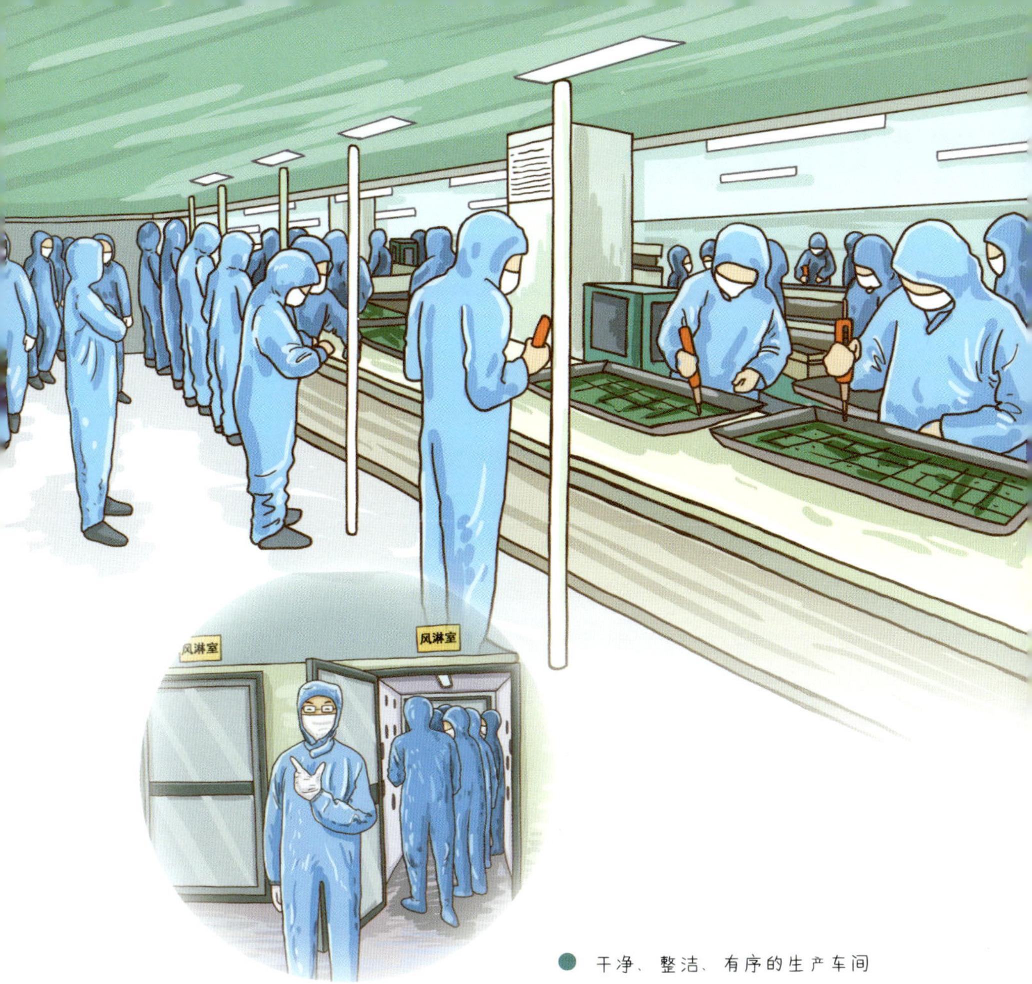

干净、整洁、有序的生产车间

并不是所有的企业展厅都对外开放，作为生产场所的企业车间，在那里，可以目睹一台电视机或是冰箱、空调、热水器从零件到半成品、成品，从包装到出货的整个过程。“哒哒”的传输带上，躺着一台台冰箱，高矮胖瘦，形体各异。一名工人站在传输带旁，旁边整齐地摆放着一个个像大地雷的黑色球体。这就是冰箱的压缩机。一台冰箱流转到面前，工人迅速拿起压缩机，塞入冰箱，熟练地安装起来。在另一个车间，冰箱被立起来，一两个小伙子，拿着白色毛巾把冰箱里里外外擦拭一遍，关上门，贴上牌子，冰箱随着传输带被送到包装的车间。曾有幸与媒体朋友进入电视屏幕的生产车间。进入车间前，要经过一个狭窄的通道，陪同的工作人员递给我们每人一套蓝色防尘服、一个口罩和一双白胶手套。防尘服是连体衣，还连着帽子，像件雨衣。我们穿戴整齐后，还要经过一个“风淋间”，在密闭的通道里，用强风把身上的灰尘静电全部吹走之后，才可以进入生产车间。工作人员介绍，这是无尘车间。车间地板刷着白灰色的地漆，干净整洁。车间内的工作人员穿着统一的防尘服，与我们身上的一样，有的在流水线上有序地操作，有的三五个聚在一起，讨论着什么。车间里宽敞明亮，并不像普通车间那般拥挤。后来才知道，无尘车间的室内温度、洁净度、室内压力、气流速度、气流分布、噪音振动、照明及静电都会被控制在一定的范围内，并会有特别的设计。

南头企业众多，不同企业的文化各有特点，不少扎根在这里的企业，用它的情怀，影响和改变着人们。

基尔电器有限公司是一家英国外资，生产家电和酒店用品的企业，2006 年落户南头，厂区位于穗西的工业区。基尔公司在南头逐渐发展壮大，英国籍的总裁偶尔也会在这里呆上一段时间，体验这里的风土人情。从 2011 年暑假开始，基尔公司每年从英国哈德斯菲尔德大学请来大学生志愿者，为南头的学生举办公益夏令营，让他们感受原汁原味的英语教学和音乐。

2013 年起，基尔公司增设足球夏令营，从拥有上百年历史的英国哈德斯菲尔德足球俱乐部请来足球教练，带领南头的孩子感受英式足球的魅力和传播训练理念。参与其中的孩子数量从首届的近 100 人增加到后来的 300 多人，基尔公司成立的足球夏令营成为镇里知名度最高的学生暑期活动之一。基尔公司还成立“南头镇基尔青少年足球队基金会”，每年投入资金，助力南头学校发展足球运动。

基尔公司设立的足球夏令营已成为南头知名度最高的学生暑期活动之一

涛美远东日用制品公司是一家中外合资企业。该公司热心公益，从 2008 年开始，资助南头升辉小学举办“升辉涛美杯”书法大赛，至今已举办了十届。升辉小学以书法教学作为第二课堂特色，“升辉涛美杯”书法比赛范围从本校覆盖到全镇，从镇内辐射到全市，参赛者从小学生范围扩大到中小学生。每年五六月，校内翰墨飘香，盛况空前。

超人电器是一家孕育于南头的生产厨卫家电的企业，企业主倮倮先生是一位有大爱大情怀的人。倮倮既是一位企业家，也是一位诗人，自称“左脑经商，右脑写诗”，将目前的人生归结为三件重要的事——一件自豪的事是经营了超人电器公司，一件好玩的事是和朋友合伙开了一间名为“虚度光阴 Bar”，一件帮助别人的事是成立了“一点爱”

“升辉涛美杯”书法大赛小学赛区比赛现场

南头 TCL 厂区

长虹展销点

基金。“一点爱”基金 2010 年成立至今，资助了数千名贫困山区的孩子。超人电器如今搬迁到三角镇，诗人倮倮在南头留下诗篇，企业家倮倮在此处挥洒青春和激情，人爱从这里出发。

每逢大小节日，南头的工业区都有电器展销，有的就在企业门口摆摊促销，有的集中在市场前面或者的厂区临街广场，价格都比较实惠。在南头大道旁的长虹和 TCL 两个展销点总能吸引众多消费者前来抢购。豆浆机、电风扇、电饭锅、榨汁机、烘焙机、蒸蛋器、空调、电视机、冰箱……应有尽有。一天下来，展销现场的电器大多被抢购一空，买家满载而归，卖家清仓而去。

工业区成为南头的一部分，细微之处皆风景，所有事物交织着，将这小镇的蓬勃生机演绎得淋漓尽致。

终是他乡变故乡

走在工业区里，马路旁停着多辆大货车。还没有出车的司机们在车头一侧的阴凉地方，打着扑克牌。对打牌没兴趣的司机，干脆拿着一块硬纸皮，铺在车尾下，往上一躺，呼呼睡去。

大货车和货车司机也是工业区常见的风景

每天黄昏，如学校下课般，下班铃声过后，工人们从各自的车间鱼贯而出，四散到厂区的马路上，与临厂的工人汇成源源的人流，橙色、灰色、蓝色、黑色的工衣，将马路点缀得五彩斑斓。夕阳把每个人的身影拉得长长的，将每一个从车间、办公室带出来的疲倦、烦恼、希望和梦想，编织成一张巨大的生活的网，和着淡淡的青春，陪伴着他们又一个黄昏。

郑小琼的诗《黄麻岭》写道：

我把自己的肉体与灵魂安顿在这个小镇上
它的荔枝林，它的街道，它的流水线一个小小的卡座
它的雨水淋湿的思念头，一趟趟，一次次
我在它的上面安置我的理想，爱情，美梦，青春
我的情人，声音，气味，生命
在异乡，在它的黯淡的街灯下

我奔波，我淋着雨水和汗水，喘着气
——我把生活摆在塑胶产品，螺丝，钉子
在一张小小的工卡上……我生活的全部
啊，我把自己交给它，一个小小的村庄
风吹走我的一切
我剩下的苍老，回家

写这首诗时，郑小琼还是一位从四川来到东莞工业区的打工妹。在流水线上，她没有姓名，只有一串数字组成的工号，在那八个小时或者更长的时间里，工号就是她的姓名。

南头有数万的新中山人，他们将“肉体和灵魂安顿在这个小镇上”。阿航、小鱼和沫儿是我在交谊舞培训班上认识的朋友，萍水相逢，都是他乡之客，上课之余聊聊彼此境况，逐渐熟络。

阿航的老家在四川，小鱼和沫儿则长于湘江边。阿航在大学读的是产品设计，毕业后随着亲戚到了南头，供职于一间家电企业，任产

品设计师一职。初识他时，他到南头刚满一年。阿航腼腆，言语不多，设计师的工作时间时常超出八个小时，阿航竟少有缺席培训班。培训班结束那会，我俩还常常半夜坐在金湾广场前，对着一盘烤鱼，杯盏之间，推心置腹。

不久后，这小子和一位女同事坠入爱河。某个晚上，还是在金湾广场，阿航领着女同事一起来。寒暄一番，客气的介绍后，坐下对酌，女同事自顾自地玩着手机，偶尔暗笑一下，不喝酒也不动筷，完全不顾我和阿航谈得春秋几许。阿航提醒了两三回，女同事依然如故。我只好频繁举杯，缓解阿航的尴尬。那晚最终不欢而散，自那以后的半年时间里，未曾见过阿航。一天黄昏，快要下班的时候接到阿航的电话，他说他人已在北京，进入一家上市公司任产品设计师。我问他女同事呢，他说散了，最后为不辞而别抱歉一番。互道保重后匆匆挂机。

大约过了一年，一天晚饭后，阿航来电，电话刚接通，小子就在电话那头兴冲冲地说："出来，金湾广场见。"三杯啤酒下肚，阿航

金湾广场的宵夜摊，见证了多少好友的推杯换盏、推心置腹

打开了话匣子。原来，阿航翻看女同事的手机被发现，两人吵得不可开交，那段时间里鸡毛蒜皮的事和彼此的心存不满再次被提起，女同事一气之下拎包回了河南老家，阿航追到河南，两人促膝长谈，却终是以性格不合而分手。阿航伤心欲绝，不愿再回南头，遂投靠北京的亲戚，寻得新的工作。后来因为水土不服，细细思量后，辞职回到南头原企业原岗位。阿航说，至少这里还有一段美好的回忆。

小鱼和沫儿的故事倒是简单。小鱼是一家小家电公司的行政工作人员，性格活泼开朗，后来认识了另一家企业的单身男老乡，很快恋爱、结婚、生子。两人存存凑凑，在南头买了个小三房，安居乐业。沫儿做事风风火火，颇有商业头脑。她原是一家化工日用品企业的跟单员，后来公司新成立电商部，全由她负责打理。摸透其中门道后，她辞去企业工作，自己经营一个卖化妆品、日用品的网店，存够本钱后，开了一间小资的美容美甲店，生意倒也不差。

南头不大，从镇内的一个地方到另一个地方，可以开车、步行，也可以搭乘公交车、骑自行车，或者打个摩的，几分钟内便可到达。每个来到这里的人，总能找到一种让自己感到舒服的生活方式，自在地生活。

尝一尝南头味道

南头与顺德容桂一衣带水，不少人的祖籍就在顺德。南头的饮食文化更是与顺德一脉相承，至今仍保持着顺德菜清、鲜、爽、嫩、滑的特点，同时颇具中山饮食兼收并蓄的精神。

南头曾有厨师协会，成立此协会的初衷是加强对厨师团队的监督，在食材的采购、制作和储藏等环节上，建立规范的管理体系，为群众的食品卫生安全提供保障。从另一个侧面也反映南头从事饮食行业的人数之多，他们或主持大小酒店的后厨，或掌勺于乡间宴席，或操持自家餐馆、农庄。他们在保持粤菜鲜嫩、本味的同时，创新菜式，创造出地方独有的特色美食。

在南头美食中，有一类是以传统粤菜为特色的食府或农庄，较为知名的有宝合苑、孖宝食府、聚福农庄等；有一类是以某种食材或菜式而闻名的食店，如恒益饭店的鸽子，大盘鱼的水库大鲩鱼。前者品类丰富，后者则更具地方风味，这也是南头独有的饮食特色。

初到南头，一次同事聚会，十多个人围成一桌，桌子中间摆一个燃气炉，服务员端上一铁锅的鸡肉。鸡肉已全熟，金黄里透着白，鸡肉上面洒些芝麻、葱花和香菜，香气四溢，让人食欲大振。服务员点起燃气炉，数分钟后，铁锅便开始滋滋作响，满锅鸡肉冒着浓郁香气，即可开吃。鸡肉鲜嫩有弹性，十分可口。燃气炉一直小火开着，鸡肉越煮越入味，香味越浓。鸡肉吃完后，加入青菜、淮山、冬瓜等配菜，用锅底的汁焖煮肉，肉质香脆嫩滑，齿唇留香。

一道菜一宴席，南头人喜欢以这种方式来迎接四方来客。围炉对酌，把酒言欢，杯盏之间，感受南头人不拘小节、爽朗直接的性格。

南头美食中没有茶果、濑粉、煎堆等传统糕点，但南头的每一间食肆都是一个美食天堂。

聚福农庄

沿东福北路往北走，在路的尽头跨过绿道便是“聚福农庄”。聚福农庄位于南头最北面的鸡鸦水道旁，对岸便是顺德容桂。农庄中间是一个大池塘，从左至右依次是凉亭、大厅、包厢，池塘的右侧还有

聚福农庄招牌

一艘数十米长的大船，被改造成上下两层餐厅。老板辉哥说，当初因为包厢不够，从别处买来这艘货船，用两台起重机把它从江面移到池塘内，一放便是十年，如今已成为农庄的一处景致。凉亭、大厅和包厢，大多都是用竹木搭建而成，有一种农家别院之感。每到黄昏，夕阳通过鸡鸦水道的江面倒映到农庄内，让人顿觉“当时垂柳翩然，斑驳诗酒年华”。

极具特色的“船餐厅”

据说聚福农庄原是搭了一两间木屋，用来招待朋友，“酒香不怕巷子深”，美味的菜式吸引了越来越多的人前来品尝。于是老板扩大规模，农庄经营至今，生意红火。

[美味推荐]

一、凤舌金丝卷

桌面上的新鲜凤舌金丝卷油香扑面，乍一看，还以为是油爆田鸡，一问才知是鸭舌。将鸭舌用卤水卤制入味后，油炸至金黄，洒上点点芝麻，入口浓香。该道菜还有另一部分，即金丝卷。金丝卷是用面粉丝包着芋泥，油炸而成。面粉丝炸得金黄香脆，芋泥软糯带甜，入口先脆后软，由香入甜，口感独特。整道菜由两部分拼配而成，面粉丝的金黄与芋泥的紫色相衬，上面缀着星星点点的白芝麻，煞是好看，可谓色香味俱全。

二、盐焗海螺拼杏鲍菇

海螺用竹编垫盛着，杏鲍菇绕着海螺摆了大半圈，颇有众星捧月之感。这道菜选用 20 只左右海螺，用秘制酱料炮制，盐焗后的海螺肉鲜嫩多汁，混合着各种香料。原本寡淡无味的杏鲍菇用聚福农庄特色烧汁煮至咸鲜入味，与海螺拼在一起，堪称一道完美的山珍海味。这道菜荣获 2014 年“中山十大名菜”的称号。

凤舌金丝卷

盐焗海螺拼杏鲍菇

恒益饭店

南头东福路被称为“美食街”。过去从牌坊进去，道路左边是一间间农庄。每间的农庄主打菜式都不一样，乳鸽、水库鱼、焖鸭、吊企鸡……如今不少东福路的农庄已被高层建筑代替，但仍掩不住食街的菜香。

“恒益饭店”从前位于东福路牌坊往里 50 米的路旁，现在搬到新柳西路与东福北路的交界处，特色菜式为吊烧鸽子、药材鸽和鸽子煲仔饭。

[美食推荐]

一、吊烧乳鸽

中山闻名于外的乳鸽，多以石岐乳鸽为代表，但恒益的乳鸽也毫不逊色，皮脆肉嫩，上半部分肉少骨头多，嚼起来香脆，下半部分肉多皮薄，肉香而甜。个人认为，吊烧乳鸽不宜吃多，一人半只足矣。

二、药材鸽

该道菜选用的是稍大一点的鸽子，加入药材炖汤。鸽子的营养价值极高，既是美味佳肴，又是高级滋补佳品，素有“一鸽胜九鸡”之说。恒益的药材鸽子汤清香美味，鸽子汤上桌后，点火加热。先喝汤、吃肉，再放入淮山、冬瓜等，煮熟的配菜清甜可口。

恒益饭店

孖宝园林食府

“孖宝园林食府”位于南和东路旁，是南头最大的园林式食府。门口牌坊用木方搭建，简洁而大气。园内大部分为园林景致，盆栽绿树、小桥流水，景色宜人。厢房也是园林式建筑，黄色琉璃瓦、朱红立柱、实木大门、剪影窗花，与院子里的亭台轩榭相得益彰。

[美食推荐]

一、金汤野米翅

用猪骨、老鸡等食材熬制五个小时的浓汤，加入南瓜蓉做成金汤底，再加入提前发好的“牙拣翅”（一种食材）和美国野米即大功告成。一碗翅汤足够两个人分享，翅汤醇厚，用料十足，有嚼劲的野米搭配根根分明的鱼翅，堪称绝配。

二、拿水鲮鱼

本道菜使用正宗南头本地土鲮鱼，每条控制在 1.8 斤左右，用盐腌一夜后，用酱油加糖煎香后再蒸。腌制后的土鲮鱼鲜味更加突出，肉质更紧实，既有鲜鱼的鲜，又有咸鱼的香。大厨透露，这道菜选材严谨，没有好的土鲮鱼就不做，限量销售。

金汤野米翅制作步骤

福盈农庄

“福盈农庄”位于南头大桥脚，处于南头和顺德的交界处，融汇中山、顺德两地的美食精髓。农庄装修别具风格，庄内种有多种名贵树木，还养有小羊、孔雀、鳄鱼等，令人大开眼界。

一、桑拿菜

最让福盈农庄店主感到自豪的就是这道桑拿菜。他说，在各种烹调做法中，蒸最能吃出食材本味。加入少许药材与鸡骨同煲，瞬间化身这道菜的灵魂——鸡骨清汤底。

湛江生蚝皇稍稍蒸煮便可出锅，挑起蚝肉放入口中轻轻一咬，丰盈汁水充斥着整个口腔。吃完生蚝试试靓鸡片。切成薄片的鸡肉用虫草花、盐、油调味，上锅蒸几分钟即可食用。冲过“桑拿浴”的鸡肉肉味鲜甜，不需要蘸调料都无比鲜美。

牛肋条同样切成薄片后上锅蒸。蒸牛肉的火候很重要，因此要按照餐厅提供的时间表蒸煮。时间一到打开锅盖，浓浓的牛肉香扑鼻而来。除了以上食材，还有四合丸、鲩鱼片以及各式杂蔬等，你能想到的食材几乎都可以上锅蒸。

二、芋蓉小炒皇

各式果仁搭配韭菜、叉烧、鸡脆骨，炒得香气四溢，“镬气”十足自然不在话下。更令人惊喜的是芋蓉做成的托底，虽是油炸之物，但口感软糯，不觉油腻，中和了小炒皇带来的饱腻感。

刺身拼盘

宝合苑

位于南头高速出入口附近的“宝合苑”是南头食客都很熟悉的餐厅。餐厅内装修雅致，布局得当。大厅外更是有小桥流水、亭台楼阁。端坐在凉亭内，看松柏青翠，观蓝天白云，听潺潺流水，赏小桥下金鱼来来往往，还未尝美酒佳肴就已先醉。

相较于孖宝的大开大合的园林，宝合苑的园林稍显小巧，但也精致。宝合苑的包厢都是以“国宾”而命名，店家希望到店来的食客，都能享受到国宾级的礼遇和美食。

一、刺身拼盘

炎炎夏日来份冰镇的菜式清凉一下。刺身拼盘一端上来就赢得满场好评，鲍鱼、海螺、三文鱼等海鲜在干冰烟雾间如梦似幻。日式酱油浸煮过的鲍鱼和海螺经冰镇后，口感升级，既保留了海鲜的鲜味和“烟韧”（有嚼劲）的口感，同时牢牢锁住酱油的咸香，鲜甜和咸香层层渗透，回味无穷。挪威三文鱼脂肪层层分明，加上一点点酱油和芥末，三文鱼丰腴滑嫩的肉质口感更加丰富。

二、一口鸡

来自湖南的鸡浸煮后将鸡肉拆丝，用日式紫苏叶盛上鸡肉，配上香菜、芝麻、芹菜等，再裹上弹性十足的鸡皮，一口咬下去，鸡皮的爽弹、鸡肉的软滑、佐料的鲜香加上紫苏叶的独特味道，多重口感一起迸发，一次满足食客的多种要求。

园林食府宝合苑

原味家作

“原味家作”原来位于广济医院对面，后来搬到瑞安路，原味家作的熟客们，一路追随。大概喜欢的就是原味家作中“家”的味道。

与前面介绍的食府、农庄相比，原味家作的“街坊味”更浓。原味家作藏身于居民区，居民房的一楼改作餐厅，摆设普通，但厨房别有文章。在这里点菜，没有菜牌菜单，也不用服务员多费口舌介绍，食客进门即进入厨房，厨房里摆着一个长条桌，上面摆满瓜、菜、鱼、肉等各种各样的食材，喜欢哪个点哪个，与厨师沟通一下，大厨自然会搭配得妥当。

菜式的制作并不复杂，皆是蒸煮炒，添加的调味也不太多。味道家常，价格实惠。

具有“街坊味”的原味家作饭店

三仔土鸡

“三仔土鸡”店位于南头兴业南路旁，距离南头中心市场约200米。一间民房门前搭了伸缩帐篷，帐篷前端的黄色布围挡上印着“三仔土鸡店”，店面并不起眼。但每到饭点，这里又是最惹眼的——店里店外灯火通明，食客络绎不绝，门庭若市，路边停满食客的车。

三仔土鸡只有两道菜式——“啫啫鸡”和“鱼煲”。将鸡肉放在砂锅里焖煮，服务员将锅端到餐桌上时，鸡肉已熟，加火焖煮片刻，即可开锅食用。金黄的鸡肉，带有焖焗的香气，尤其是贴着锅、被砂锅焖得接近焦黄的鸡肉，更是入味，香脆中带着一股韧劲，让人唇齿留香。

鱼煲也有鱼煲的美味之处，尤其是鲩鱼头，清香嫩滑，同样可口。吃到最后，还可以放些青菜、淮山等配菜，既混合了鱼肉和蔬果的清香，又可以去油消脂。

啫啫鸡和鱼煲皆是下酒的好菜，三五知己，围炉推盏，不亦乐乎。

门庭若市的三仔土鸡店

后　记

十一年前，当我穿过地铁，一个人站在广州购书中心前，看着这座陌生的城市，川流的人群，来往的车辆，还有如森林般的高楼大厦，好奇心驱使我燃起一股迫切感，从路边的报亭买了一份广州地图，一头扎进黑压压的人群中。

大三的暑假，从广州购书中心顶楼的一场诗歌朗诵会开始了我的实习生活。前四个月跑的是教育文化卫生类的新闻，如讲座、发布会、论坛、书香节、文化人物专访。终日在文场笔苑间忆苦思甜，抑或是探寻人性的优点和弱点。后四个月跑的却是突发类的社会新闻，如车祸、跳楼、溺亡、医闹、罢工、欠薪讨薪以及各种路见不平。前四个月积攒下的世界美好，在后四个月里逐渐坍塌。大半年的实习生活，让我走过这个城市大部分的大小市井，看到更多生活的真实，了解每个人在各自世界中的努力是如此的不易。

每个人都曾有过血气方刚，我终于马不停蹄，来到了南头。如今虽然理想变得不一样，我对南头的一切仍心怀念想和感激。初到南头，就像刚到广州的那时，我迫切地想要了解这里的一切。由于工作的性质，我很快就走遍了这里的每一个村庄和道路，日子逐渐慢了下来。或许正因为慢，才有足够的时间去阅读这小镇的人和物。我怀念那些穿街走巷的日子，怀念那些善良的村民，怀念那些真挚的同事，感激这淳朴的小镇没有拒绝一个一无所有的人。

离开南头后，我兜转了一些地方，突然明白，与其在一个澎湃的大环境里，做一份慢悠悠的工作，不如在一个慢节奏的环境里，做一些让人心生希望的事。我终于在中山定居成家，选择了一个滚烫的行业，时刻感受这沸腾的时代，忙碌得激情满怀，闲暇的时间也变得紧紧巴巴。每次父母亲来往老家和中山，我也不辞数十公里到南头接送二老。从中山到老家的车不多，从顺德出发经过南头的大客车直达老家，减少颠簸，也减少老妈的晕车之苦。偶尔时间充裕，我也刻意顺着南头大道转上一圈，给二老讲讲我曾经上班的地方，住在哪个房间，还有那些人那些事。

写这本小书过程中，不少资料得重新收集，一些涉及到的人物还得约访。领到任务后，几乎每个周末都往南头跑。当我徘徊在刚重建好的南头公园，周边这些熟悉得不能再熟悉的地方，让我心中怅然若失。写南头的渡口一节，同事阿滔陪我坐了一趟渡船。从绿道旁的渡口上船，跨过鸡鸦水道，慢悠悠地直达对岸东凤。当船渐渐驶离渡口，才惊觉这是我第一次乘坐这趟渡船。从船上回看南头，眼前的画面折叠成一轴画卷，纵横的深处，有我曾经奔跑过的时光。

写这本小书，是诚惶诚恐的。感谢郭小敏师姐的推荐；感谢出版社给这个宝贵的机会；感谢刘颖编辑的耐心和宽容；感谢配图的何有添，弥补了文字的枯燥，让整本书内容更加具象和丰富；感谢南头一众老同事不吝提供的资料。

我总觉得一个异乡人写他乡，终究写得太浅。如有不足，请诸位不吝赐教，万分感激。

朱土福

2018 年 5 月